新准则·新税制财会类规划用书

会计核算技能训练

（第四版）

白周清⊙编著

Accounting Skills Training

中国市场出版社
·北京·

图书在版编目（CIP）数据

会计核算技能训练/白周清编著. —4 版. —北京：中国市场出版社，2016. 8
ISBN 978-7-5092-1514-2

Ⅰ. ①会… Ⅱ. ①白… Ⅲ. ①会计学 Ⅳ. ①F230

中国版本图书馆 CIP 数据核字（2016）第 200534 号

会计核算技能训练（第四版）
KUAIJI HESUAN JINENG XUNLIAN
白周清　编著

出版发行　中国市场出版社
社　　址　北京月坛北小街 2 号院 3 号楼　　**邮政编码**　100837
电　　话　编 辑 部（010）68032104　读者服务部（010）68022950
发 行 部（010）68021338　68020340　68053489
68024335　68033577　68033539
总 编 室（010）68020336
盗版举报（010）68020336
邮　　箱　474885818@ qq. com
经　　销　新华书店
印　　刷　河北鑫宏源印刷包装有限责任公司
规　　格　185 mm×260 mm　16 开本　　**版　　次**　2016 年 8 月第 4 版
印　　张　32　　**印　　次**　2016 年 8 月第 1 次印刷
字　　数　400 000　　**定　　价**　38.00 元

第四版说明

《会计核算技能训练》（第三版）于 2014 年 7 月发行后，得到了广大使用者的欢迎，该书也被评为 2014 年度郑州地方高等教育教学成果特等奖，编者深表感谢。

由于财政部在 2014 年度对有关《企业会计准则》进行了修订，营改增自 2016 年 5 月 1 日起已在全国范围内全面推开，该书的有关内容也应随着财税法规的变化进行相应的改动，因此，编者对《会计核算技能训练》一书进行了以下修改。

1. 取消了原 49 题“缴纳上月营业税”和原 189 题“根据本月培训收入计算应交营业税并填写营业税申报表”两道业务题，增设了 178 题“根据培训收入计算应交增值税，并填写培训收入增值税计算表”。

2. 企业生产车间扩建工程增加价值已超过车间原值的 50%，按税法的有关规定，扩建工程转用生产材料已抵扣的增值税，只能在转用的当期抵扣 60%，其余 40%应在转用的当期从进项税额中扣减。计入待抵扣进项税额，并于转用的第 13 个月从销项税额中抵扣。据此将 37 题“结转生产车间扩建工程领用材料应转出的进项税额”和 182 题“结转生产车间扩建工程分配辅助生产费用耗用材料部分应转出的增值税进项税额”两题后面的文字均改为“应转出的增值税待抵扣税额”。

3. 结合营改增的有关规定，修改了该书第二部分“企业内部制度规定”的增值税部分，并对其他业务题的有关文字内容也进行了相应的修改。

4. 对企业销售自己使用过的“不得抵扣且未进行抵扣进项税额”的固定资产，

由原规定的按 4%的征收率减半征收增值税，改为依照 3%的征收率减按 2%征收增值税。据此对 106 题“收到出售设备款”应缴纳的增值税进行了计算，并相应影响到 107 题“结转出售设备净收益”的净收益金额数字。

5. 由于房地产开发企业已实行营改增，所以将 132 题“购入公司引进高级管理人员免费使用住房”的房地产开发企业统一发票改为适用税率 11%的增值税专用发票。对所支付的增值税，按国家税务总局《不动产进项税额分期抵扣暂行办法》的有关规定处理。

6. 对 150 题“榕城公司托收凭证计算错误，办理部分拒付手续”，增加了郑州市国税局“开具红字增值税专用发票通知单”，使该项业务更加合理。

7. 将 162 题“支付元月份电话费”的电信公司专用发票改为增值税专用发票，对其提供的基础电信服务按 11%的税率计算增值税。

8. 由于营改增的全面实施，国家税务总局对增值税纳税申报表及其附表进行了较大的改动。据此，对 189 题“填制增值税纳税申报表”的附列资料（一）本期销售情况明细表、（二）本期进项税额明细表按最新格式进行了更换，增设了附列资料（五）不动产分期抵扣计算表。

9. 删除了 190 题“填制城市维护建设税纳税申报表”和 191 题“填制教育费附加申报表”两种申报表的“营业税”项目。

10. 根据《企业会计准则》新的变化要求，对 142 题的调整会计报表和该书第四部分的资产负债表、利润表的有关项目进行了调整，使其符合会计法规新的规定。

11. 对第 2 题“收到香港九龙公司美元投资款”增设了“资本溢价计算表”，

第 3 题“将收到的美元兑换为人民币”增设了“汇兑差额计算表”，使以上两题的原始凭证更为完善，原始凭证和凭证整理单上填写的金额数字与记账凭证的有关数字保持一致。

12. 有关业务题的变化，相应引起银行存款业务的增加或减少，因此对银行进账单的有关数字也进行了相应的更改。

13. 上述业务题的变化，不仅引起自身会计处理的变化，而且还会影响到 197 题的收入、收益结转表，198 题的成本、费用结转表，199 题的企业所得税计算表和企业所得税预缴纳税申报表，200 题的所得税费用结转表，202 题的银行存款余额调节表等业务题表格金额数字的变动；同时，还会涉及 65 题和 201 题根据记账凭证编制科目汇总表的有关数字的变化。编者据此对原业务题参考答案进行了相应修改，供广大读者参考使用。

学习《会计核算技能训练》课程，实质上就是要学会审核和填制各种原始凭证，根据有关原始凭证填制相应的记账凭证，根据记账凭证及所附的原始凭证登记各种账簿；根据有关账簿资料编制财务报表的会计实际操作过程。学生在整个实训过程中会感到一定的难度，为了尽快提高学生的实际操作技能，编者认为，如能结合本人编写、由中国市场出版社出版的《会计基础技能训练》一书进行学习，将会起到更好的学习效果。

《会计基础技能训练》一书，由编者历经三年的时间编写完成，将企业对会计核算的实际操作方法上升到理论高度，易懂易学。具体包括“原始凭证、记账凭证、会计账簿、财务报表”四部分内容。第一部分原始凭证，包括银行结算类、发票类、材料类、产成品类、工资薪金类、固定资产和在建工程类、成本计算类、证券交易类、税收类、结转类、商品流通企业专用类和其他类等12类138种原始凭证的不同作用及填写方法；第二部分记账凭证，包括收款凭证、付款凭证、转账凭证、科目汇总表、汇总收款凭证、汇总付款凭证、汇总转账凭证等不同种类记账凭证的填制方法；第三部分会计账簿，包括总分类账、现金和银行存款日记账、材料采购、生产成本、固定资产、应付职工新酬、应交税费（增值税）、本年利润、利润分配、三栏式/多栏式/数量金额式明细账、应收票据、应付票据备查簿和租入固定资产登记簿等不同账簿的登记方法；第四部分财务报表，包括可视为内部报表的总分类账户本期发生额及余额试算平衡表和外部报表的资产负债表、利润表及其相应调整报表的编制方法。

《会计基础技能训练》一书，可以视为《会计核算技能训练》的上篇，是学习该门课程的重要参考资料，如将两者结合使用，既有助于教师对该门课程的讲解，又有利于学生进一步提高实际操作水平，对更好地将会计理论和实际操作有效地结合起到一定的积极作用。

以上看法如有不妥之处，请广大读者进行批评指正。

白周清

2016年7月26日

业务题参考答案

本书配备有业务题参考答案，订购本书的教师请与我社联系。敬请提供教师姓名、所在学校、联系电话等信息。

联系人：张瑶

电话：010-68032104

E-mail:zhangyao9903@126.com

前　言

随着我国经济的不断发展，会计在企业管理中的地位日益重要，企业迫切需要既懂会计专业理论，又能实际操作的各类会计人员。

自财政部发布新《企业会计准则》后，企业所得税、个人所得税、增值税等有关税收政策也发生了较大变化。高等院校财经专业的学生，只有切实结合财税法规的变动，对会计核算实际操作部分进行学习，才能做到会计专业理论和会计实务操作的初步结合。为了适应高等院校教学工作的需要，编者编写了这本《会计核算技能训练》。

《会计核算技能训练》的内容包括四部分：技能训练操作指导，企业内部会计制度有关规定，技能训练资料，技能训练操作的记账凭证、账页及有关财务报表格式。

在第三部分“技能训练资料”中设置了203道业务题，149种共398份原始凭证，涉及银行票据和结算凭证、材料购进及发出、产成品入库及出库、增值税专用发票及其他种类发票、固定资产和在建工程、工资薪金、成本计算、税收、股票交易、文字类和其他等11种类型。通过审核原始凭证、填制记账凭证、登记账簿和编制财务报表等实际操作，可以使操作人员较全面地掌握一个企业的会计核算过程，初步学会企业的现金、银行存款、材料核算、往来结算、收入核算、工资薪金核算、成本计算、费用核算、纳税管理、固定资产及折旧核算、总账、报表、会计主管等不同会计工作岗位的实际操作技能，缩短高校学生毕业后在企业不同会计工作岗位的“适应期”，满足企业对各类会计人员的实际需要。

《会计核算技能训练》的编写主要有以下特点：

一、体现了新的财政、税收、金融等法规的变化要求

本书在企业内部会计制度的设计，原始凭证、报表及账页的设置方面充分体现了企业会计准则、增值税、企业所得税、个人所得税、人民币汇率以及存、贷款利率等财税、金融法规变化的要求。

二、内容理论联系实际，具有完整性、系统性和真实性

编者既是一名从事会计实际工作的高级会计师、中国注册会计师，同时又是一位具有二十多年高校会计教学经验的教师，更能深刻地理解会计理论和会计实际工作相结合的重要性。本书的编写力求理论联系实际，如对购货方发生退货的业务题，设置了“产成品销售退库单”和退货单位所在地税务部门填开的“开具红字增值税专用发票通知单”，并据此开具红字增值税发票。对原始凭证的这种设置方法，既符合税法的有关规定，又使企业的退货不致于损失，切合企业的实际情况。本书的编写充分体现了核算资料的完整性、系统性和真实性，较全面地反映了一个企业的资金投入、退出、循环和周转的资金运动过程。

三、增设了调整会计报表的编制

本书核算资料的会计期间设置在元月份，目的是让操作人员根据中介机构的审计报告，填制相应的调整记账凭证，并据以掌握调整会计报表的编制。

四、设置了较全面的税收凭证

为了便于操作人员掌握有关税收部分的核算，设置了17种共25份税收方面的原始凭证，其中包括国家税务总局新增设的“固定资产进项税额抵扣情况表”。税收种类包括增值税、营业税、城市维护建设税、企业所得税、个人所得税、房产税、土地使用税、车船税、印花税、契税、车辆购置税和教育费附加等12种税费。

五、增设了外币投资业务

为了使操作人员熟悉外币业务核算，增设了港商的外币投资及外币兑换人民币业务。

六、设置了较完善的银行票据和结算凭证

企业的收付业务主要是通过银行进行结算，为适应银行结算业务的需要，设置了现金支票、转账支票、银行汇票、银行承兑汇票、托收承付、委托收款、信汇、拒绝付款理由书、特种转账贷方传票及银行进账单，以便操作人员学会银行票据和结算凭证的正确使用。

七、对部分原始凭证的格式进行了改进和创新

技能训练资料采用的原始凭证格式大部分为企业目前使用的原始凭证。根据业务题的具体内容，编者对相当一部分原始凭证的格式进行了改进和创新。一是独立的原始凭证，如运费抵扣增值税计算表、货币性职工薪酬计算表、委托加工物资计算表、代扣款项结转表、贴现利息计算表等。二是系列的原始凭证，如根据委托代销商品业务设计了委托代销商品出库单、代销商品销售清单、委托代销商品手续费计算表、委托代销商品成本结转计算表等。上述原始凭证的格式，既符合业务题具体内容的需要，又可供企业会计实际工作者参考使用。

八、制定了切实可行的技能训练操作指导

在第一部分“技能训练操作指导”中，较为详细地编写了技能训练操作的目的、程序、要求和时间安排，可对操作人员起到较好的指导作用。

九、设置了较系统的企业内部会计制度

第二部分“企业内部会计制度有关规定”是依据技能训练资料 203 道业务题的具体内容设置的。包括：流动资产部分、非流动资产部分、成本核算部分、税费适用率（征收率）、税费的缴纳期限与方式、社会保险费及住房公积金的计算与缴纳、职工出差借款及差旅费补助标准、借款利息计算与支付、货币性职工薪酬计提标准、利润分配形式、会计核算形式和其他等 12 项内容，具有较强的可操作性。同时，可以使操作人员了解企业内部会计制度设计的方式。

十、设置了较为实用的账页格式

为了使操作人员更好地学会各种账簿的登记，在第四部分“技能训练操作的记账凭证、账页及有关财务报表格式”中设置的账页格式包括：总账、现金、银行存款、材料采购、生产成本、固定资产、应付职工薪酬、应交税费（增值税）、本年利润、三栏式、多栏式、数量金额式以及应收票据备查簿和应付票据备查簿等账页格式。其中：应付职工薪酬、本年利润、应收票据和应付票据备查簿等账页格式是编者依据现行有关规定的要求设置的，可结合第三部分“技能训练资料”涉及的会计科目及应采用的账页格式选择使用。

十一、编制了技能训练经济业务索引

本书技能训练资料中设置了 203 道业务题，题量大，业务丰富。作者编制了简明的“技能训练经济业务索引”，经济业务内容在此一目了然，方便读者查找和使用。

此外，对“技能训练资料”中的原始凭证均未设置会计主管、记账、审核、出纳及收款人的姓名，以便操作人员使用时填写。第四部分设置了“凭证整理单”格式，便于对原始凭证的粘贴、整理。

《会计核算技能训练》一书适用于高等院校本专科的会计、审计、财务管理、会计电算化等财经专业的学生学习，也可作为有关培训机构培训会计人员的资料，还可作为企业会计人员学习参考用书。

《会计核算技能训练》一书在财政部发布新《企业会计准则》后编写，历经两年时间。在编写过程中，企业所得税、个人所得税、增值税、人民币汇率、存贷款利率以及国际油价都发生了较大变化，几经修改，终成其稿。由于本书内容较为丰富，而编者水平有限，书中难免有一些不妥之处，敬请广大读者批评指正。

本书的编写得到了我国著名会计学教授方正生老师的支持和指导，对此深表感谢。

白周清

2009 年 3 月 8 日

目录

第一部分　技能训练操作指导

(1～4)

第二部分　企业内部会计制度有关规定

(5～11)

第三部分　技能训练资料

（12～253）

第四部分　技能训练操作的记账凭证、账页及有关财务报表格式

（254～263）

技能训练经济业务索引

1 CHAPTER 第一部分 技能训练操作指导

本部分包括会计核算技能训练操作的目的、程序、要求和时间安排。

一、技能训练操作目的

《会计核算技能训练》是一门实用性较强的课程，学生通过技能训练操作，可以缩短理论与实际的距离，有利于学生毕业后尽快适应企业不同会计工作岗位的需要，把学到的会计专业知识真正融入到实际工作中去，促使企业会计工作水平的进一步提高。

（一）学会会计核算的基本方法

通过技能训练操作，要求学生学会会计核算的基本方法。具体包括：

（1）填制和审核原始凭证；

（2）根据原始凭证填制收款、付款和转账凭证；

（3）根据记账凭证定期编制科目汇总表；

（4）根据有关会计凭证登记总账、现金日记账、银行存款日记账以及各种明细账，月末进行结账、对账、更正错账以及账项调整；

（5）根据总账和明细账的有关资料编制财务报表。

（二）适应不同类型的会计岗位核算

通过技能训练操作，初步掌握出纳、财产物资核算、工资薪金核算、成本费用核算、财务成果核算、资金核算、纳税管理、往来结算、总账报表、会计主管等不同岗位的核算内容及操作方式，以利于毕业后尽快适应企业不同岗位的会计工作。

（三）在技能训练操作中加强对相关法规的理解、掌握

在技能训练操作程序中对每一笔经济业务能够按照相应的财政、税收法规和银行结算办法的规定进行规范处理，逐步加强对相关法规的理解、掌握。

二、技能训练操作程序

会计核算技能训练操作程序，包括以下几个方面：

（一）设置账簿、登记期初余额

根据会计核算技能训练的有关资料，应设置总账、现金日记账、银行存款日记账、各种明细账以及备查账簿。

总账、现金日记账、银行存款日记账应采用三栏式账页的订本式账簿。各种明细账采用活页式账簿，账页的格式根据不同账户的需要，分别采用三栏式、多栏式和数量金额式账页。账页有特定格式的如材料采购、生产成本、固定资产、应付职工薪酬、应交税费（增值税）、本年利润等账户，应尽可能采用其特定格式的账页。应收票据、应付票据除设置明细账外，还应增设备查账簿，以反映相关资料。

按照第三部分技能训练资料上年末有关账户余额表的相关数字，分别登记总账、现金日记账、银行存款日记账、各种明细账的期初余额。

（二）填制和审核原始凭证

对原始凭证应按照真实性、合法性、正确性和完整性的要求进行审核。对成本计算表等需要填制的原始凭证，应严格按照规定要求进行填制。

（三）填制记账凭证和编制科目汇总表

对每项业务中同一经济性质的原始凭证应在凭证整理单上粘贴整理后，分别填制相应的现金收款凭证、现金付款凭证、银行存款收款凭证、银行存款付款凭证和转账凭证。科目汇总表应分别在 10 日、20 日和 31 日根据当期的记账凭证进行编制。

（四）登记账簿

登记账簿是根据审核无误的会计凭证进行登记，以保证账簿记录的真实性和合法性。

总账根据科目汇总表分别在 10 日、20 日、31 日进行登记。

现金日记账根据现金收款凭证、现金付款凭证、取现金的银行存款付款凭证每日逐笔进行登记，要求日清月结。

银行存款日记账根据银行存款收款凭证、银行存款付款凭证、存现金的现金付款凭证每天逐笔进行登记，要求日清月结。由于发生收到港商的美元投资及美元兑换人民币业务，银行存款日记账应分别按人民币和美元两种币值设置。

各种明细账根据有关记账凭证在 3 天或 5 天进行定期登记，但应能满足部分根据账簿资料填制的原始凭证（如纳税申报表、成本计算表等）的需要。

应收票据备查簿应对本期收到的票据、贴现的票据、到期收回款项的票据在相关栏次内进行详细登记。

应付票据备查簿也应对本期签发的票据、已到期结清款项的票据在相关栏次内进行详细登记。

（五）结账、对账和更正错账

月末，对根据本期发生的经济业务填制的记账凭证全部登记入账后，分别结出总账、现金和银行存款日记账、各种明细账的本期发生额、期末余额。

总账的库存现金、银行存款账户的本期借（贷）方发生额、期末余额应和现金日记账、银行存款日记账的本期借（贷）方发生额及期末余额分别核对。

总账除库存现金、银行存款以外的账户的本期借（贷）方发生额、期末余额应和所属明细账户的借（贷）方发生额之和、期末余额之和相互核对。

对现金日记账、银行存款日记账、各种明细账和总账的发生额、期末余额出现不一致的情况，应进一步查明原因。对账簿记录发生的错误，应根据不同情况，分别采用划线更正法、红字更正法或补充登记法进行更正。

（六）编制总分类账户试算平衡表

总账与现金日记账、银行存款日记账、各种明细账核对无误后，应编制总分类账户本期发生额及期末余额试算平衡表，进行试算平衡。

（七）编制银行存款余额调节表

期末银行存款日记账应与银行对账单逐笔核对，根据存在的未达账项，编制银行存款余额调节表。

（八）编制财务报表

本次会计核算技能训练操作要求编制调整财务报表和月度财务报表，均包括资产负债表和利润表两种报表。

调整财务报表应根据会计师事务所对企业上年度财务报表的审计意见填制的调整会计凭证进行编制。

月度财务报表应根据月末核对无误的总账和有关明细账资料进行编制。

三、技能训练操作要求

本次会计核算技能训练应严格按照《会计基础工作规范》的要求进行，具体包括以下几个方面：

（1）熟悉技能训练操作资料中的内部会计制度有关规定，上年末有关总账、明细账、财务报表提供的相关资料，以便于账簿的设置及有关原始凭证的填制。

（2）正确使用会计科目，保证账务处理的正确性、规范性。

（3）严格按照技能训练程序操作，学会审核原始凭证、填制记账凭证、登记账簿、编制财务报表等技能训练操作的全过程。

（4）开设“计算技术”课程的院校，技能训练中的加、减、乘三种方式的计算应以算盘为主，除法可采用计算器计算，通过技能训练操作熟练对算盘的使用。

（5）文字、数字应书写规范。账簿记录错误，不得刮擦、挖补、涂改或用退色药水更改字迹，应该根据错误的性质按更正错误的有关规定进行更正。

（6）会计凭证和活页账簿应规范装订，熟悉《会计档案管理办法》的有关规定。

四、技能训练操作时间安排

由于本次技能训练操作的业务题及所附的原始凭证较多，对一部分原始凭证还需要计算填制，因此，填制记账凭证和登记账簿的业务量也相应增大，建议每周技能训练时间为 4 课时，全学期技能训练时间为 72 课时左右。

2 CHAPTER 第二部分 企业内部会计制度有关规定

一、流动资产部分

（一）货币资金

1. 货币资金包括库存现金、银行存款和其他货币资金。

管理现金和银行存款的会计人员应严格遵守货币资金的管理制度。

2. 对到期的应收票据，应在规定期限内向开户银行办理委托收款手续，款项收回后，在应收票据备查簿登记收款日和收回金额。对未到期向开户银行申请办理贴现贷款的应收票据，也应在应收票据备查簿的贴现日、贴现率、贴现金额等栏次逐项登记，以便加强商业汇票的管理和收回资金。

3. 对按照供货合同的商品销售，在发出商品后应及时向开户银行办理托收承付手续，属于委托代销方式的售出商品，财务手续应在收到代销单位的代销清单后办理；对采用直接收取现金方式的商品出售，应在收到货款后办理有关财务手续，以保证资金的及时收回。

4. 对已收回货款的售出商品，如发生购货方依据供货合同有关规定的退货事项，应根据产成品库办理的“产成品销售退库单”的实际收回商品数量和购货单位所在地税务部门填开的“开具红字增值税专用发票通知单”，开具红字增值税专用发票后，办理退款手续。

5. 对货币资金的支付严格按照财务收支计划执行。对购进材料应核对是否属于当月支出项目，经仓库保管员验收无误并由业务主管签字确认后支付货款；对供货单位因错发，或材料数量、质量不符合供货合同规定的，应填写拒绝付款理由书，及时向开户银行办理拒付手续，以避免发生不应有的损失。对职工出差借款，由所在部门主管签字并经公司领导同意后方可借取；报销有关费用，由会计部门审核并经公司领导签字后才能付款；其他支出均按相关规定办理。

6. 对货币资金收付业务的原始凭证及时粘贴、整理，填制记账凭证，逐日登记现金和银行存款日记账，做到账证、账款相符，日清月结。月末银行存款日记账应和银行对账单逐笔核对，编制银行存款余额调节表，以保证货币资金的安全完整。

（二）原材料

1. 原材料的收发按计划成本核算。

2. 购进材料按计划成本入库时，材料实际成本与计划成本形成的材料成本差异逐笔结转。

3. 按计划成本发出材料时，材料计划成本应负担的材料成本差异应分别不同情况处理。

（1）发出委托加工材料的计划成本应负担的材料成本差异，按月初材料成本差异率计算结转。

（2）固定资产工程领用材料的计划成本应负担的材料成本差异，应按领用材料购进批次的实际成本与入库材料计划成本的差异计算结转，以保证固定资产工程核算的准确性。

（3）生产车间和其他部门领用及售出材料的计划成本应负担的材料成本差异，应根据月末计算的原材料成本差异率计算结转。

（三）低值易耗品

低值易耗品的收发采用计划成本核算。领用时以旧换新，采用一次摊销法摊销领用低值易耗品成本。领用低值易耗品的计划成本应负担的成本差异，应根据月末计算的低值易耗品成本差异率计算结转。

（四）库存商品

1. 库存商品的收发按实际成本核算。生产车间的完工产品应每 5 日向成品仓库交送一次，成品仓库收到车间交货填制的产成品入库单、售出产成品填制的产成品销售出库单、购货方发生退货填制的产成品销售退库单应及时送交会计部门。

2. 产成品的入库和出库，平时只登记数量不登记金额。入库产成品的实际成本根据月末“完工入库产成品成本汇总表”进行登记，售出商品的实际成本按月末采用加权平均法计算的平均单位成本汇总结转，对特殊销售商品业务，如支付手续费的委托代销商品成本按上月末计算的加权平均单位成本计算结转。

（五）应收款项

应收款项包括应收账款、应收票据、预付账款和其他应收款。企业的坏账准备金按应收款项年末余额的 5‰计提。由于上年末企业的应收票据为银行承兑汇票；向长城公司的预付材料款，对方通知已经发出货物；其他应收款为职工出差借款，职工回单位后均能及时报账，结清余额；因此仅按应收账款年末余额的 5‰计提坏账准备金。

二、非流动资产部分

（一）固定资产

1. 企业的固定资产包括房屋、建筑物、机器设备、运输设备和土地。

2. 固定资产折旧采用平均年限法，依据规定的折旧率，按月计提折旧额，并分别按房屋、建筑物、机器设备、运输设备等进行明细核算。

固定资产类别	月折旧率
房屋	0.2%
建筑物	0.4%
机器设备	1%
运输设备	1.24%

（二）无形资产

无形资产的甲产品专利权按月计提摊销额，摊销期限为10年。

三、成本核算部分

（一）基本生产车间成本核算

企业设置两个基本生产车间，一车间生产甲、乙两种产品，二车间生产丙产品，以产品品种为成本计算对象，设置直接材料、直接人工、制造费用三个成本项目。

直接材料，核算制造产品耗用的材料和动力。

直接人工，核算直接从事产品制造工人应分配的工资等职工薪酬以及按规定比例计提的货币性职工薪酬。

制造费用，核算企业生产车间管理人员的工资等职工薪酬、折旧费、办公费、水电费、机物料消耗、劳动保护费、季节性和修理期间的停工损失等。

完工产成品和月末在产品之间的费用分配采用约当产量法。

（二）辅助生产车间成本核算

企业设置供电和修理两个辅助生产车间。供电车间以柴油发电机组发电，解决因外部电力供应不足问题。辅助生产车间发生的车间管理费用，通过制造费用账户归集后，再分配转入辅助生产成本相应的成本项目。

辅助生产车间对受益单位提供的劳务费用采用直接分配法进行分配。

四、税费适用率（征收率）

（一）增值税

1. 企业为增值税一般纳税人，适用的增值税税率为17%。

2. 对企业购进设备支付的运输费用和购进材料支付的运输费用、销售产品购货方不负担的运输费用及购货方发生退货垫付的运输费用，依据取得的货物运输业增值税专用发票注明的税额进行抵扣。

3. 企业购进设备（包括自用的小轿车、摩托车、游艇等）支付的增值税进项税额和购进的原材料支付的进项税额，依据取得的增值税专用发票注明的税额一起进行税额抵扣，当期不能抵扣的，留待下期继续抵扣。

4. 用于集体福利或者个人消费支付的增值税进项税额不得抵扣，如医务室购买药品支付的税额等。

5. 生产车间扩建工程领用生产材料及辅助生产车间所提供的劳务耗用的材料部分，如扩建工程增加价值不超过不动产原值 50% 的，转用生产材料已抵扣的增值税可以在转用当期全额抵扣；对增加价值超过不动产原值 50% 的扩建工程，转用生产材料已抵扣的增值税只能在转用当期抵扣 60%，其余 40% 应在转用的当期从进项税额中扣减，计入待抵扣进项税额，并于转用的第 13 个月从销项税额中抵扣。

6. 出售 2009 年 1 月前购入设备取得的收入按 3% 的征收率减按 2% 计算增值税销项税额。

7. 企业培训科对外培训业务收入适用的增值税税率为 6%。

8. 企业购进房屋等不动产支付的增值税，按国家税务总局《不动产进项税额分期抵扣暂行办法》的有关规定，当期抵扣支付税额的 60%，其余 40% 在第 13 个月进行抵扣。

（二）城市维护建设税

企业适用的城市维护建设税税率为 7%，依据应缴纳的增值税、消费税之和计算。

（三）教育费附加

企业适用的教育费附加征收率为 3%，依据应缴纳的增值税、消费税之和计算。

（四）企业所得税

企业适用的企业所得税税率为 25%。

（五）个人所得税

个人所得税的征收起点为 3500 元。

（六）土地使用税

企业占用的土地为 2 级土地，每平方米每年应纳税额为 4.50 元。

（七）车船税

企业的载货汽车，按自重量计算应纳税额，东风牌货车每辆的自重量为 10 吨，每吨每年核定的税额为 60 元，机动车挂车，按载货汽车税额的 7 折计算缴纳，小轿车每年应纳税额为 360 元。

（八）房产税

企业的房产税实行从价计征的形式，应税房产原值的扣除比例为 30%，适用税率为 1.2%。对购置新建的商品房，于使用的次月起缴纳房产税。

企业适用的税率（征收率）及个人所得税征收起点，根据国家税收政策的变动及时进行相应地调整。

五、税费的缴纳期限与方式

1. 增值税于月末终了 15 日内向税务部门报送纳税申报表，城建税和教育费附加应随同增值税的纳税期限一并缴纳税（费）款。

2. 企业所得税。

（1）企业所得税采用分月预缴、年终汇算清缴的方式。

（2）于月末终了之日起 15 日内，向税务机关报送预缴企业所得税申报表，预缴税款。

（3）自年度终了之日起 5 个月内，向税务机关报送年度企业所得税纳税申报表，并汇算清缴、结清应缴应退税款。

（4）企业在报送企业所得税纳税申报表时，应当按照规定附送财务会计报告和其他有关资料。

3. 个人所得税。

代扣代缴个人所得税，于次月 15 日内缴入国库。

4. 车船税、土地使用税、房产税采用按年计算，按季缴纳的方式，在每季度第一个月内缴纳。

5. 印花税。

（1）印花税应于纳税事项发生时及时缴纳。

（2）对应纳税额超过 500 元的记载资金的账簿及有关合同，向税务机关申请填写缴款书，采用“汇贴”方式。

（3）对应纳税额低于 500 元的有关合同、权利许可证照和其他账簿采用自行贴花方式。

六、社会保险费及住房公积金的计算与缴纳

社会保险费及住房公积金属于单位缴纳部分，应按当地政府规定的费率（费率标准参看货币性职工薪酬计提标准部分）计算，并在规定期限内足额缴纳。属于代扣代缴的个人应缴部分，应按规定费率从职工薪酬中扣除，及时缴纳。

项　　目	个人应缴费率
养老保险费	8%
医疗保险费	2%
失业保险费	1%
住房公积金	10%

七、职工出差借款及差旅费补助标准

1. 职工因公出差，应根据出差时间长短及距离远近预借差旅费。

2. 伙食补助标准。

途中补助每人每天 40 元，住宿补助每人每天 30 元，乘坐车船超过 6 个小时按途中补助，不足 6 个小时为住宿补助。

3. 旅馆住宿标准。

（1）大城市每人每天不得超过 80 元；中等城市每人每天不得超过 60 元；小城市每人每天不得超过 40 元。

（2）因参加各种会议，按会议住宿标准据实报销。

4. 车船乘坐标准。

（1)对晚上 8 点以后乘坐车船时间超过 6 个小时的出差人员，乘坐火车可购买卧铺车票。

（2）具有高级职称、年龄在 50 岁以上的人员可以购买火车软卧车票和船舶二等舱船票，其他人员可以购买火车硬卧车票和船舶三等舱及以下舱位船票。

（3）因特殊业务需要，经公司领导批准可单程乘坐飞机。

八、借款利息计算与支付

1. 企业从工商银行取得的短期借款，按月计算并支付借款利息。
2. 从建设银行取得的长期借款，按借款合同规定，每季季末计算并支付借款利息。

九、货币性职工薪酬计提标准

根据《企业会计准则第 9 号——职工薪酬》应用指南的有关规定：

计量应付职工薪酬时，国家规定了计提基础和计提比例的，应当按照国家规定的标准计提。比如，应向社会保险经办机构等缴纳的医疗保险费、养老保险费、失业保险费、工伤保险费、生育保险费等社会保险费，应向住房公积金管理机构缴存的住房公积金，以及工会经费和职工教育经费等。

没有规定计提基础和计提比例的，企业应当根据历史经验数据和实际情况，合理预计当期应付职工薪酬。当期实际发生金额大于预计金额的，应当补提应付职工薪酬；当期实际发生金额小于预计金额的，应当冲回多提的应付职工薪酬。

公司医务室等福利部门上期实际支出为职工薪酬的 14%左右，本期职工福利费仍按上期标准预提，其他货币性职工薪酬的计提比例，应严格按照国家和当地政府规定的标准计提，不得提高或降低比例标准。

项　　目	计提比例
养老保险费	21%
医疗保险费	8%
失业保险费	2%
工伤保险费	0.5%
生育保险费	0.5%
住房公积金	10%
职工福利费	14%

工 会 经 费	2%
职工教育经费	2.5%

十、利润分配形式

1. 盈余公积计提比例：法定盈余公积 10%，任意盈余公积 5%。

2. 应向投资者分配的利润：按可供分配利润的 80%分配，计算依据为投资方的出资比例。

十一、会计核算形式

企业采用的会计核算形式为科目汇总表核算形式，如下图所示。

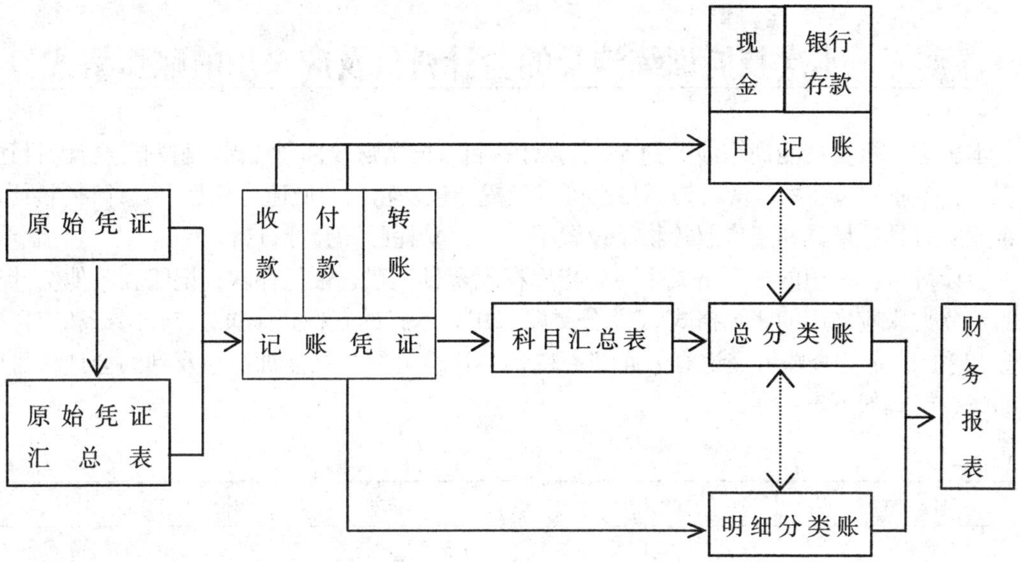

十二、其 他

企业开户银行：工行郑州市中原分理处；行号：82；账号：存款户 684952；贷款户 684953；由于接受外币投资，增设美元存款户 684954；企业地址：郑州市颍河路 256 号；纳税人登记号：410102354333621；公司电话号码：0371-66358216。

3 CHAPTER 第三部分 技能训练资料

一、本次技能训练涉及的会计科目及应采用的账页格式

本次会计核算技能训练涉及到53个会计科目。根据财政部对“周转材料”会计科目的有关规定，企业的包装物、低值易耗品也可以设置“包装物”、“低值易耗品”会计科目。因此，对企业的刃具、量具和工作服等物品设置了“低值易耗品”会计科目。

会计科目应采用的账页格式主要是指库存现金日记账、银行存款日记账和其他会计科目的明细分类账应采用的账页格式。（总分类账采用订本式的三栏式账页，应收票据和应付票据还应单独设置备查账簿登记有关详细资料。）本次会计核算技能训练涉及到的会计科目应采用的账页格式如下表：

表3-1-1

会计科目	账页格式	会计科目	账页格式
库存现金	三栏式	库存商品	数量金额式
银行存款	三栏式	委托代销商品	三栏式
其他货币资金	三栏式	委托加工物资	三栏式
交易性金融资产	三栏式	低值易耗品	数量金额式
应收票据	三栏式	长期股权投资	三栏式
应收账款	三栏式	固定资产	固定资产格式多栏式
预付账款	三栏式	累计折旧	三栏式
应收股利	三栏式	在建工程	三栏式
其他应收款	三栏式	固定资产清理	三栏式
坏账准备	三栏式	无形资产	三栏式
材料采购	三栏式或多栏式	累计摊销	三栏式
原材料	数量金额式	短期借款	三栏式
材料成本差异	三栏式	应付票据	三栏式

续表

会计科目	账页格式	会计科目	账页格式
应付账款	三栏式	劳务成本	三栏式
预收账款	三栏式	主营业务收入	三栏式
应付职工薪酬	多栏式	其他业务收入	三栏式
应交税费	应交增值税多栏式，其他应交税费三栏式	投资收益	三栏式或多栏式
		营业外收入	三栏式或多栏式
其他应付款	三栏式	主营业务成本	三栏式
长期借款	三栏式	其他业务成本	三栏式
实收资本	三栏式	营业税金及附加	三栏式或多栏式
资本公积	三栏式	销售费用	三栏式或多栏式
盈余公积	三栏式	管理费用	多栏式
本年利润	多栏式	财务费用	三栏式或多栏式
利润分配	多栏式	营业外支出	三栏式或多栏式
生产成本	多栏式	所得税费用	三栏式
制造费用	多栏式	以前年度损益调整	三栏式

二、上年末有关账户余额表

郑州东方公司上年度12月末有关账户余额如下表：

表3－2－1　　郑州东方公司上年度12月末有关账户余额表

单位　元

总分类账户	明细分类账户	借方余额	贷方余额
库存现金		8 700	
银行存款		845 000	
交易性金融资产		15 000	
	股票投资（辽西股份）	15 000	
应收票据		424 700	
	天津海河公司	80 000	
	太原汾河公司	344 700	
应收账款		650 000	
	兰州黄河公司	70 000	
	南京长江公司	80 000	
	合肥淮河公司	500 000	
预付账款		80 000	
	北京长城公司	90 000	

续表

总分类账户	明细分类账户	借方余额	贷方余额
	重庆山城公司		10 000
其他应收款		15 000	
	刘峰	6 000	
	李明	5 000	
	常亮	4 000	
坏账准备			1 000
	应收账款		1 000
材料采购		142 800	
	福州榕城公司（甲材料）	98 000	
	济南泉城公司(乙材料)	44 800	
原材料		1 179 280	
	甲材料	420 000	
	乙材料	230 000	
	丙材料	204 000	
	丁材料	280 000	
	戊材料	40 000	
	汽 油	5 280	
低值易耗品		99 920	
	工作服	40 000	
	刃 具	56 000	
	0～125mm 镀铬游标卡尺	3 000	
	2 米盒尺	920	
材料成本差异		11 600	
	原材料成本差异	11 792.80	
	低值易耗品成本差异		192.80
生产成本		328 000	
	基本生产成本（甲产品）	93 000	
	基本生产成本（乙产品）	123 000	
	基本生产成本（丙产品）	112 000	
库存商品		819 400	
	甲产品	287 800	
	乙产品	251 600	
	丙产品	280 000	

续表

总分类账户	明细分类账户	借方余额	贷方余额
长期股权投资		250 000	
	郑新公司	250 000	
固定资产		5 294 000	
	房 屋	1 100 000	
	建筑物	240 000	
	机器设备	2 470 000	
	运输设备	350 000	
	土 地	1 134 000	
累计折旧			960 000
	房 屋		220 000
	建筑物		60 000
	机器设备		580 000
	运输设备		100 000
在建工程		309 000	
	生产车间扩建工程	309 000	
无形资产		240 000	
	甲产品专利权	240 000	
累计摊销			50 000
	甲产品专利权		50 000
短期借款			1 400 000
	工商银行		1 400 000
应付票据			200 000
	昆明春城公司		200 000
应付账款			233 800
	福州榕城公司	10 000	
	开封宋城公司		80 000
	济南泉城公司		63 800
	北京长城公司		100 000
应付职工薪酬			400 000
	职工福利		54 775
	离职后福利（养老保险费）		129 150
	离职后福利（失业保险费）		12 300
	社会保险费（医疗保险费）		49 200

续表

总分类账户	明细分类账户	借方余额	贷方余额
	住房公积金		61 500
	工会经费		52 000
	职工教育经费		41 075
应交税费			47 600
	应交增值税		30 000
	应交所得税		14 600
	应交城建税		2 100
	应交教育费附加		900
长期借款			950 000
	建设银行		950 000
实收资本			5 000 000
	长安公司		3 200 000
	永安公司		1 800 000
盈余公积			840 000
	法定盈余公积		560 000
	任意盈余公积		280 000
利润分配			630 000
	未分配利润		630 000
合 计		10 712 400	10 712 400

三、上年末有关明细账资料

本部分资料包括东方公司上年度 12 月末材料采购、原材料、低值易耗品、生产成本、库存商品、固定资产、累计折旧、应付账款（北京长城公司）、应收票据和应付票据等有关账簿的资料。

单独反映这部分账簿资料的作用有四个方面：

（1）可以提供有关存货的数量指标，便于存货的收、发业务核算和产品成本计算。

（2）可以反映固定资产在车间、部门的分布情况，便于固定资产折旧的明细核算以及土地使用税、车船税和房产税的计算。

（3）可以提供收到北京长城公司材料，未收到发票的估价入账情况，便于月初冲销估计入账款。

（4）可以反映应收票据、应付票据的到期时间和其他有关资料，便于应收票据的资金收回和应付票据的资金支付。

表 3－3－1

材料采购明细账有关资料

20　　年 12 月 31 日　　　　单位　元

摘要	借方			贷方
	买价	运输费用	合计	
从福州榕城公司购甲材料 2 000 公斤	96 000	2 000	98 000	
从济南泉城公司购乙材料 1 000 公斤	43 000	1 800	44 800	

表 3－3－2

原材料明细账有关资料

20　　年 12 月 31 日　　　　单位　元

材料名称	规格型号	计量单位	计划单价	结存	
				数量	金额
甲材料		千克	50	8 400	420 000
乙材料		千克	46	5 000	230 000
丙材料		千克	68	3 000	204 000
丁材料		千克	70	4 000	280 000
戊材料		千克	20	2 000	40 000
汽油		千克	4.40	1 200	5 280

表 3－3－3

低值易耗品明细账有关资料

20　　年 12 月 31 日　　　　单位　元

物资名称	规格型号	单位	计划单价	结存	
				数量	金额
工作服		套	80	500	40 000
刃具		只	56	1 000	56 000
镀铬游标卡尺	0～125mm	只	60	50	3 000
盒尺	2m	只	5	184	920

表 3－3－4

生产成本（基本生产成本）明细账有关资料

20　　年 12 月 31 日　　　　单位　元

生产车间	产品名称	在产品数量（只）	成本项目			
			直接材料	直接人工	制造费用	合计
一车间	甲产品	400	55 800	27 900	9 300	93 000
一车间	乙产品	1 260	77 600	33 200	12 200	123 000
二车间	丙产品	1 280	66 200	33 800	12 000	112 000

表 3－3－5

库存商品明细账有关资料

20　　年 12 月 31 日　　　　单位　元

产品名称	规格型号	单位	结存		
			数量	单位成本	金额
甲产品		只	1 000	287.80	287 800
乙产品		只	2 000	125.80	251 600
丙产品		只	2 500	112	280 000

表 3－3－6

应付账款（北京长城公司）明细账有关资料

20　　年 12 月 31 日　　　　单位　元

摘要	借方	贷方	借或贷	余额
收到甲材料 600 公斤、丁材料 1000 公斤，发票暂未收到、月末估价入账			贷	100 000

表 3－3－7

固定资产明细账有关资料

20　　年 12 月 31 日　　　　　　单位　元

固定资产类别	单位	数量	原始价值	其中				
				一车间	二车间	修理车间	供电车间	行政部门
房屋								
其中：厂房	幢	4	380 000	100 000	100 000	100 000	80 000	
办公楼	幢	1	520 000					520 000
仓库	幢	2	200 000					200 000
小计			1 100 000	100 000	100 000	100 000	80 000	720 000
建筑物								
其中：围墙			100 000					100 000
水塔	座	1	140 000					140 000
小计			240 000					240 000
机器设备								
其中：专用设备	台	30	750 000	500 000	250 000			
C620 车床	台	29	870 000	450 000	300 000	120 000		
C630 车床	台	3	150 000	150 000				
C650 车床	台	1	80 000	80 000				
万能磨床	台	1	120 000	120 000				
平面磨床	台	2	120 000		60 000	60 000		
万能铣床	台	1	130 000			130 000		
铇床	台	5	50 000	30 000	10 000	10 000		
发电机组	台	1	200 000				200 000	
小计			2 470 000	1 330 000	620 000	320 000	200 000	
运输设备								
其中：东风牌货车	辆	3	210 000					210 000
雪铁龙轿车	辆	1	140 000					140 000
小计			350 000					350 000
土地	m^2	20万	1 134 000					1 134 000
合计			5 294 000	1430 000	720 000	420 000	280 000	2 444 000

表 3－3－8

累计折旧明细账有关资料

20　　年 12 月 31 日　　　　　　单位　元

固定资产类别	已提折旧	其中				
		一车间	二车间	修理车间	供电车间	行政部门
房屋						
其中：厂房	76 000	20 000	20 000	20 000	16 000	
办公楼	104 000					104 000
仓库	40 000					40 000
小计	220 000	20 000	20 000	20 000	16 000	144 000
建筑物						
其中：围墙	25 000					25 000
水塔	35 000					35 000
小计	60 000					60 000
机器设备						
其中：专用设备	225 000	150 000	75 000			
C620 车床	174 000	90 000	60 000	24 000		
C630 车床	60 000	60 000				
C650 车床	16 000	16 000				
万能磨床	15 000	15 000				
平面磨床	16 800		8 400	8 400		
万能铣床	18 500			18 500		
刨床	7 800	3 900	1 300	2 600		
发电机组	46 900				46 900	
小计	580 000	334 900	144 700	53 500	46 900	
运输设备						
其中：东风牌货车	66 000					66 000
雪铁龙轿车	34 000					34 000
小计	100 000					100 000
合计	960 000	354 900	164 700	73 500	62 900	304 000

表 3－3－9

应收票据备查账簿有关资料

20　　年 12 月 31 日　　　　　　单位　元

票据种类	号数	出票日	票面金额	票面利率	合同交易号	付款人（承兑人）	票据到期日
银行承兑汇票		20　年 10 月 15 日	80 000		郑东销字 029 号	天津海河公司	20　年 1 月 15 日
银行承兑汇票		20　年 12 月 24 日	344 700	6%	郑东销字 035 号	太原汾河公司	20　年 4 月 24 日

续表

背书转让日	贴现日	贴现率	贴现净额	收款日	收回金额	退票情况

表 3－3－10

应付票据备查账簿有关资料

20　　年 12 月 31 日　　　　单位　元

票据种类	号数	出票日	票据到期日	票面金额	票面利率	合同交易号	收款人	付款日	支付金额
银行承兑汇票		20　　年 10月16日	20　　年 1月16日	200 000		郑东购字 018号	昆明春城公司		

四、上年末有关财务报表资料

表 3－4－1

资 产 负 债 表

会企01 表

编制单位：郑州东方公司　　20　　年 12 月 31 日　　单位　元

资　　产	期末余额	负债和所有者权益	期末余额
流动资产：		流动负债：	
货币资金	853 700	短期借款	1 400 000
交易性金融资产	15 000	交易性金融负债	
应收票据	424 700	应付票据	200 000
应收账款	649 000	应付账款	253 800
预付款项	100 000	预收款项	
应收利息		应付职工薪酬	400 000
应收股利		应交税费	47 600
其他应收款	15 000	应付利息	
存货	2 581 000	应付股利	
一年内到期的非流动资产		其他应付款	
其他流动资产		一年内到期的非流动负债	
流动资产合计	4 638 400	其他流动负债	
非流动资产：		流动负债合计	2 301 400
可供出售金融资产		非流动负债：	
持有至到期投资		长期借款	950 000
长期应收款		应付债券	
长期股权投资	250 000	长期应付款	
投资性房地产		专项应付款	
固定资产	4 334 000	预计负债	
在建工程	309 000	递延所得税负债	
工程物资		其他非流动负债	
固定资产清理		非流动负债合计	950 000
生产性生物资产		负债合计	3 251 400
油气资产		所有者权益（或股东权益）：	
无形资产	190 000	实收资本（或股本）	5 000 000
开发支出		资本公积	
商誉		减：库存股	
长期待摊费用		其他综合收益	

续表

资　　产	期末余额	负债和所有者权益	期末余额
递延所得税资产		盈余公积	840 000
其他非流动资产		未分配利润	630 000
非流动资产合计	5 083 000	所有者权益（或股东权益）合计	6 470 000
资 产 总 计	9 721 400	负债和所有者权益（或股东权益）总计	9 721 400

表3－4－2

利润表

会企02 表

编制单位：郑州东方公司　　　　20　　年 12 月　　　　单位　元

项目	本期金额	上期金额
一、营业收入	19 800 000	
减：营业成本	12 100 000	
营业税金及附加	1 480 000	
销售费用	2 890 000	
管理费用	1 360 000	
财务费用	1 270 000	
资产减值损失		
加：公允价值变动收益（损失以“－”号填列）		
投资收益（损失以“－”号填列）	30 000	
其中：对联营企业和合营企业的投资收益		
二、营业利润（亏损以“－”号填列）	730 000	
加：营业外收入	12 000	
减：营业外支出	182 000	
其中：非流动资产处置损失		
三、利润总额（亏损总额以“－”号填列）	560 000	
减：所得税费用	140 000	
四、净利润（净亏损以“－”号填列）	420 000	
五、其他综合收益的税后利润		
（一）以后不能重分类进损益的其他综合收益		
（二）以后将重分类进损益的其他综合收益		
六、综合收益总额		
七、每股收益：		
（一）基本每股收益		
（二）稀释每股收益		

五、技能训练操作月份经济业务以及有关原始凭证

本部分资料是郑州东方公司元月份发生的全部经济业务，包括203道业务题，每道业务题附有相应的原始凭证。该月份经济业务涉及到的原始凭证149种，凭证份数为398份（不含续表）。具体类型如下：

（1）银行票据和结算凭证29种87份。

（2）材料购进及发出的原始凭证 14 种 64 份。

（3）产成品入库及售出的原始凭证 11 种计 34 份。

（4）增值税专用发票及其他类型发票的原始凭证 17 种 92 份。

（5）固定资产、在建工程类的原始凭证 9 种 9 份。

（6）工资薪金类原始凭证 5 种 5 份。

（7）成本计算类原始凭证 13 种 15 份。

（8）税收类原始凭证 17 种 25 份。

（9）股票交易类原始凭证 4 种 5 份。

（10）文字类原始凭证 5 种 8 份。

（11）其他类型原始凭证 25 种 54 份。

郑州东方公司 20　　年元月份发生的全部经济业务及原始凭证如下：

1. 元月 1 日，冲销上月长城公司暂估应付账款。

证 $1\frac{1}{2}$

东方公司货到未付款清单

20　　年 1 月 1 日　　　　单位　元

供货单位	材料名称	单位	数量	暂估价款		估价入账原因
				单价	合计	
北京长城公司	甲材料	千克	600	50	30 000	材料收到，购货发票暂未收到
北京长城公司	丁材料	千克	1 000	70	70 000	
合计					100 000	

会计主管　　记账　　审核　　制表

证 $1\frac{2}{2}$

东方公司收料单

供应单位 北京长城公司

发票号码　　　　20　　年 1 月 1 日　　　　编号 1－001

材料合计	规格型号	单位	数量		实际成本				计划成本		材料成本差异	
			应收	实收	单价	买价	运费	合计	单价	合计	超支	节约
甲材料		千克		600					50	30 000		
丁材料		千克		1 000					70	70 000		
合计										100 000		

仓库主管　李明玉　记账　　　收料　李方　　　业务采购　常亮

2. 元月 1 日，收到香港九龙公司美元投资款，当日汇率 1：6.80，合同约定投资款占公司注册资本的 37.5%。

证 2$\frac{1}{4}$

工商银行特种转账贷方传票

20　　年 1 月 1 日　　　　第　　号

付款人	全　称	香港九龙公司	收款人	全　称	郑州东方公司
	账号或地址	香港旺角道 98 号		账号或地址	684954
	开户银行	中国银行香港分行		开户银行	工行郑州市中原分理处

大写金额			千	百	十	万	千	百	十	元	角	分	附件张
	美元伍拾捌万元整	U	S	D	5	8	0	0	0	0	0	0	

原始凭证名称		原凭证号码		科目（借）__________
原始凭证金额		赔偿金		对方科目（贷）__________
转账原因	香港九龙公司投资款 58 万美元 银行盖章			会计　　复核　　记账

证 2$\frac{2}{4}$

投资协议书

经双方协商，香港九龙公司向郑州东方公司投资 58 万美元（合同签订日汇率 1：6.82）投资款于 20　　年元月 1 日到账，占东方公司注册资本的 37.5%，投资期限 20 年，按投资比例分配税后利润。

投　资　方：香港九龙公司

接受投资方：郑州东方公司

20　　年 12 月 18 日

证 $2\frac{3}{4}$

郑州东方公司各投资方出资额计算表

20　　年1月1日　　　　单位　元

投资单位	公司注册资本	投资方出资额占公司注册资本比重	投资单位占注册资本份额
长安公司		40%	3 200 000
永安公司		22.5%	1 800 000
香港九龙公司		37.5%	3 000 000
合计	8 000 000	100%	8 000 000

会计主管　　审核　　制表

证 $2\frac{4}{4}$

资本溢价计算表

20　　年1月1日　　　　单位：元

项目	资本溢价计算
美元投资款按当日汇率折合的人民币	580 000×6.80=3 944 000
九龙公司占东方公司注册资本的份额	8 000 000×37.5%=3 000 000
形成的资本溢价	3 944 000－3 000 000=944 000

会计主管：　　审核：　　记账　　制表：

3. 元月 1 日，东方公司以人民币为记账本位币，没有外汇业务，将收到的美元兑换为人民币，当日的银行买入价为 1 美元 = 6.79 人民币，中间价为 1 美元 = 6.80 人民币。

证 $3\frac{1}{2}$

工商银行特种转账贷方传票

20　　年 1 月 1 日　　　　第　　号

付款人	全　称	工行郑州市中原分理处	收款人	全　称	郑州东方公司										
	账号或地址	686296		账号或地址	684952										
	开户银行	本　行		开户银行	工行郑州市中原分理处										
大写金额	人民币叁佰玖拾叁万捌仟贰佰元整					千	百	十	万	千	百	十	元	角	分
						¥	3	9	3	8	2	0	0	0	0
原始凭证名称		原凭证号码		科目（借）＿＿＿＿＿＿＿＿											
原始凭证金额		赔偿金		对方科目（贷）＿＿＿＿＿＿											
转账原因	买入郑州东方公司 58 万美元，买入价 1：6.79　银行盖章			会计　复核　记账											

附件　张

证 $3\frac{2}{2}$

汇兑差额计算表

20　　年 1 月 1 日　　　　单位：元

项　目	汇兑差额计算
出售美元按中间价折合的人民币	580 000 × 6.80=3 944 000
出售美元按银行买入价折合的人民币	580 000 × 6.79=3 938 200
形成的汇兑差额	3 944 000 − 3 938 200=5 800

会计主管：　　审核：　　记账　　制表：

4. 元月 1 日，为购置设备向开户行申请办理银行汇票 1 份。

证 $4\frac{1}{3}$

中国工商银行汇票申请书（存根） 1

申请日期 20 年 1 月 1 日 第 01 号

申请人	郑州东方公司	收款人	上海机床设备公司										
账号或住址	684952	账号或住址	052×496										
用途	购设备	代理付款行	工行上海市虹口分理处										
汇票金额	人民币（大写）壹佰捌拾伍万元整		千	百	十	万	千	百	十	元	角	分	
			¥	1	8	5	0	0	0	0	0	0	

备注

科目______

对方科目______

财务主管 复核 经办

此联申请人留存

证 $4\frac{2}{3}$

中国工商银行

银行汇票 2

汇票号码

第 01 号

付款期限 壹个月

出票日期（大写）贰零 年零壹月零壹日 代理付款行 工行上海市虹口分理处 行号：686

收款人 上海机床设备公司	账号 052×496										
出票金额 人民币（大写）壹佰捌拾伍万元整											
实际结算金额 人民币（大写）	千	百	十	万	千	百	十	元	角	分	

申请人：郑州东方公司 账号：684952

出票行：郑州工行 行号：82

用 途：购设备

出票行盖章

多余金额									
千	百	十	万	千	百	十	元	角	分

科目（借）______

对方科目（贷）______

兑付日期 年 月 日

复核 记账

此联代理付款行付款后作联行往账借方凭证附件

证 4$\frac{3}{3}$

中国工商银行　　汇票号码

银行汇票（解讫通知）　**3**　第 01 号

付款期限 壹个月

出票日期（大写）贰零　　年零壹月零壹日　／代理付款行：工行上海市虹口分理处　行号：686

收款人：上海机床设备公司　　账号：052×496										
出票金额：人民币（大写）壹佰捌拾伍万元整										
实际结算金额　人民币（大写）	千	百	十	万	千	百	十	元	角	分

申请人：郑州东方公司　　账号：684952

出票行：郑州工行　行号：82

用　途：购设备

代理付款行盖章

复核　　经办

多余金额										科目（贷）________ 对方科目（借）________ 转账日期　年　月　日 复核　记账
千	百	十	万	千	百	十	元	角	分	

此联代理付款行付款后随报单寄出票行，由出票行作多余款贷方凭证

5. 元月 1 日，归还工行到期短期借款。

证 5

（短期贷款）还款凭证（回单）　**4**

原借款凭证单位编号 013　　日期 20　　年 1 月 1 日　　原借款凭证银行编号 0856

付款人	名称	郑州东方公司	借款人	名称	郑州东方公司									
	往来户账号	684952		放款户账号	684953									
	开户银行	工行郑州市中原分理处		开户银行	工行郑州市中原分理处									
计划还款日期		20　年 1 月 1 日	还款顺序		第 1 次还款									
偿还金额		人民币（大写）壹佰贰拾伍万元整			千	百	十	万	千	百	十	元	角	分
					¥	1	2	5	0	0	0	0	0	0
还款内容		短期借款												

由借款人往来户内转还上述借款

（银行主动转还时免盖借款单位预留往来账户印鉴）

科目（借）__________

对方科目（贷）________

会计　　复核　　记账

回单

6. 元月 1 日，设备科鹿鸣出差借款，以现金支付。

证 6

借款单

单位 设备科　　　　20　　年　1　月　1　日

今借到 财务科

人民币

（大写）贰仟元整　　　　¥2 000.00

借款理由 上海购设备

二 会计记账

公司领导 燕鸽　　　　单位主管 文森　　　　借款人 鹿鸣

7. 元月 1 日，发出甲材料一批，委托郑州金属材料加工厂加工庚材料。

证 7

委托加工物资发料单

加工单位 郑州金属材料加工厂

加工要求 庚材料　　　　20　　年 1 月 1 日　　　　NO.1—001

材料名称	规格型号	单位	数量	计划成本		成本差异		实际成本
				单位成本	合计	超支	节约	
甲材料		千克	160	50	8 000	80		8 080

仓库主管 李明玉　　　　发料 邹华　　　　制表

8. 元月 2 日，收到上海机床设备公司发来设备，交付安装。

证 $8\frac{1}{4}$

上海市增值税专用发票　NO.06132516

发票联

开票日期　20　年 1 月 1 日

购货单位	名称	郑州东方公司	纳税人登记号	410102354333621
	地址电话	郑州市颍河路256号66358216	开户银行及账号	工行郑州市中原分理处684952

货物或应税劳务名称	计量单位	数量	单价	金额									税率（%）	税额								
				百	十	万	千	百	十	元	角	分		百	十	万	千	百	十	元	角	分
数控机床	台	3	520 000	1	5	6	0	0	0	0	0	0	17		2	6	5	2	0	0	0	0
合计				1	5	6	0	0	0	0	0	0		¥	2	6	5	2	0	0	0	0

价税合计（大写）		※仟壹佰捌拾贰万伍仟贰佰零拾零元零角零分	¥1 825 200 .00	
销货单位	名称	上海机床设备公司	纳税人登记号	310109352133608
	地址电话	上海市邯郸路88号64913265	开户银行及账号	工行上海市虹口分理处052×496
备注				

收款人　　　开票单位（未盖章无效）上海机床设备公司

第二联 发票联 购货方记账凭证

证 $8\frac{2}{4}$

上海市增值税专用发票　NO.06132516

抵扣联

开票日期　20　年 1 月 1 日

购货单位	名称	郑州东方公司	纳税人登记号	410102354333621
	地址电话	郑州市颍河路256号66358216	开户银行及账号	工行郑州市中原分理处684952

货物或应税劳务名称	计量单位	数量	单价	金额									税率（%）	税额								
				百	十	万	千	百	十	元	角	分		百	十	万	千	百	十	元	角	分
数控机床	台	3	520 000	1	5	6	0	0	0	0	0	0	17		2	6	5	2	0	0	0	0
合计				1	5	6	0	0	0	0	0	0		¥	2	6	5	2	0	0	0	0

价税合计（大写）		※仟壹佰捌拾贰万伍仟贰佰零拾零元零角零分	¥1 825 200 .00	
销货单位	名称	上海机床设备公司	纳税人登记号	310109352133608
	地址电话	上海市邯郸路88号64913265	开户银行及账号	工行上海市虹口分理处052×496
备注				

收款人　　　开票单位（未盖章无效）上海机床设备公司

第三联 抵扣联 购货方作抵扣税款凭证

证 $8\frac{3}{4}$

货物运输业增值税专用发票 NO：00000612

发票联

开票日期　　年 1月1日

承运人及 纳税人识别号	上海万达汽运公司 310108522072135	密码区	
实际受票方及 纳税人识别号	郑州东方公司 410102354333621		
收货人及 纳税人识别号	郑州东方公司 410102354333621	发货人及 纳税人识别号	上海机床设备公司 310109352133608
起运地、经由、到达地	上海经南京到郑州		
费用项目及金额	费用项目 金额 运输费 3 132.00	运输货物信息	数控机床 3 台
合计金额	3 132.00	税率 11% 税额 344.52	机器编号 828200000103
价税合计（大写）	⊗叁仟肆佰柒拾陆元伍角贰分	（小写）¥3 476.52	
车种车号	沪 A13685	车船吨位	备注
主管税务机关 及代码	上海市国家税务局闸北分局 131010800		

收款人：　　复核人：　　开票人：　　承运人：（章）上海万达汽运公司

第二联 发票联 受票方记账凭证

证 8$\frac{4}{4}$

货物运输业增值税专用发票 NO：00000612

抵扣联

开票日期　　年 1月1日

<table>
<tr><td>承运人及
纳税人识别号</td><td>上海万达汽运公司
310108522072135</td><td rowspan="2">密
码
区</td><td colspan="5" rowspan="2"></td></tr>
<tr><td>实际受票方及
纳税人识别号</td><td>郑州东方公司
410102354333621</td></tr>
<tr><td>收货人及
纳税人识别号</td><td>郑州东方公司
410102354333621</td><td>发货人及
纳税人识别号</td><td colspan="5">上海机床设备公司
310109352133608</td></tr>
<tr><td>起运地、经由、到达地</td><td colspan="7">上海经南京到郑州</td></tr>
<tr><td>费用项目及金额</td><td>费用项目　　金额
运输费　　3 132.00</td><td>运输货物信息</td><td colspan="5">数控机床 3 台</td></tr>
<tr><td>合计金额</td><td>3 132.00</td><td>税率</td><td>11%</td><td>税额</td><td>344.52</td><td>机器编号</td><td>828200000103</td></tr>
<tr><td>价税合计（大写）</td><td colspan="7">⊗叁仟肆佰柒拾陆元伍角贰分　　（小写）¥3 476.52</td></tr>
<tr><td>车种车号</td><td>沪 A13685</td><td>车船吨位</td><td></td><td rowspan="2">备注</td><td colspan="3" rowspan="2"></td></tr>
<tr><td>主管税务机关
及代码</td><td colspan="3">上海市国家税务局闸北分局
131010800</td></tr>
</table>

收款人:　　复核人:　　开票人:　　承运人:（章）上海万达汽运公司

第三联 抵扣联 受票方抵扣凭证

9. 元月 2 日，收到辽西股份有限公司领取上年股利的通知。

证 9

关于领取股利的通知

郑州东方公司:

你单位可持购入我公司股票的有关证明，于元月 10 日前领取上年度股利 2 100 元。

辽西股份有限公司

20　　年元月 1 日

10. 元 月2日，开出转账支票，向在证券公司开设的资金账户转入购股票款。

证 $10\frac{1}{2}$

中国工商银行转账支票存根

支票号码 00655863

科　　目

对方科目

出票日期 20　年 1 月 2 日

收款人：郑州证券营业部

金额：300 000 元

用途：购股票

单位主管　　　　会计

中国工商银行 **转账支票**　　（豫）支票号码 00655863

出票日期（大写）贰零　　年零壹月零贰日　　付款行名称：工行郑州市中原分理处

收款人　深圳证券公司郑州营业部　　出票人账号：　684952

本支票付款期十天

人民币（大写）	千	百	十	万	千	百	十	元	角	分
叁拾万元整		¥	3	0	0	0	0	0	0	0

用途 购股票　　科目（借）

本支票款项请从我账户内支付　　对方科目（贷）

转账日期　　年　　月　　日

出票人签章　　复核　　记账

此区域供打印磁性字码

证 $10\frac{2}{2}$

深圳特区证券公司

郑州营业部客户存款凭条

〔存款〕

流水号 218　　20　年 1 月 2 日

户名　郑州东方公司	资金账号　036×259	委托人签名　田苗广
存款金额　¥300 000.00	余额　¥300 000.00	
上海账号	深圳账号　0000229616	

操作员　608　　复核员　路遥

11．元月 2 日，承付宋城公司到期托收承付凭证款。

证 $11\frac{1}{7}$

邮

托收承付凭证（承付支款通知）5

第　号
托收号码

承付期限
到期 20　年 1 月 2 日

委托日期　20　年 12 月 23 日

付款人	全　称	郑州东方公司	收款人	全　称	开封宋城公司	
	账号或地址	684952		账　号	326815	
	开户银行	工行郑州市中原分理处		开户银行	工行开封市龙亭分理处	行号 68

托收金额	人民币（大写）	千	百	十	万	千	百	十	元	角	分
	壹拾壹万玖仟玖佰伍拾玖元叁角捌分		¥	1	1	9	9	5	9	3	8

附件		商品发运情况	合同名称号码
附寄单证张数或册数	4	汽运，货已发出。	汴宋销字0942 号

备注：	付款人注意：
	1. 根据结算办法规定，上列托收款项，在承付期限内未拒付时，即视同全部承付。如系全额支付即以此联代支款通知；如遇延付或部分支付时，再由银行另送延付或部分支付的支款通知。 2. 如需提前承付或多承付时，应另写书面通知送银行办理。 3. 如系全部或部分拒付，应在承付期限内另填拒绝承付理由书送银行办理。

此联是付款人开户银行通知付款人按期承付货款的承付（支款）通知

单位主管　　会计　　复核　　记账　　付款人开户银行盖章　　月　　日

证 $11\frac{2}{7}$

河南省增值税专用发票

NO. 00523162

发票联

开票日期 20 年 12 月 22 日

购货单位	名称	郑州东方公司	纳税人登记号	410102354333621
	地址电话	郑州市颍河路256号66358216	开户银行及账号	工行郑州市中原分理处684952

货物或应税劳务名称	计量单位	数量	单价	金额								税率(%)	税额							
				十	万	千	百	十	元	角	分		十	万	千	百	十	元	角	分
丙材料	千克	1 000	66		6	6	0	0	0	0	0	17		1	1	2	2	0	0	0
戊材料	千克	2 000	18		3	6	0	0	0	0	0	17			6	1	2	0	0	0
合计				1	0	2	0	0	0	0	0		¥	1	7	3	4	0	0	0

价税合计（大写）	※佰壹拾壹万玖仟叁佰肆拾零元零角零分 ¥119 340.00			
销货单位	名称	开封宋城公司	纳税人登记号	410202324012208
	地址电话	开封市高屯路71号3829006	开户银行及账号	工行开封市龙亭分理处326815
备注				

收款人 开票单位（未盖章无效）开封宋城公司

第二联 发票联 购货方记账凭证

证 $11\frac{3}{7}$

河南省增值税专用发票

NO. 00523162

抵扣联

开票日期 20 年 12 月 22 日

购货单位	名称	郑州东方公司	纳税人登记号	410102354333621
	地址电话	郑州市颍河路256号66358216	开户银行及账号	工行郑州市中原分理处684952

货物或应税劳务名称	计量单位	数量	单价	金额								税率(%)	税额							
				十	万	千	百	十	元	角	分		十	万	千	百	十	元	角	分
丙材料	千克	1 000	66		6	6	0	0	0	0	0	17		1	1	2	2	0	0	0
戊材料	千克	2 000	18		3	6	0	0	0	0	0	17			6	1	2	0	0	0
合计				1	0	2	0	0	0	0	0		¥	1	7	3	4	0	0	0

价税合计（大写）	※佰壹拾壹万玖仟叁佰肆拾零元零角零分 ¥119 340.00			
销货单位	名称	开封宋城公司	纳税人登记号	410202324012208
	地址电话	开封市高屯路71号3829006	开户银行及账号	工行开封市龙亭分理处326815
备注				

收款人 开票单位（未盖章无效）开封宋城公司

第三联 抵扣联 购货方作抵扣税款凭证

证 11$\frac{4}{7}$

货物运输业增值税专用发票 NO：00001532

发票联

开票日期　　年 12 月 22 日

承运人及纳税人识别号	开封广达汽运公司 410203522072213			密码区			
实际受票方及纳税人识别号	郑州东方公司 410102354333621						
收货人及纳税人识别号	郑州东方公司 410102354333621			发货人及纳税人识别号	开封宋城公司 410202324012208		
起运地、经由、到达地	开封到郑州						
费用项目及金额	费用项目　金额 运输费　558.00			运输货物信息	丙材料　1 000 公斤 戊材料　2 000 公斤		
合计金额	558.00	税率	11%	税额	61.38	机器编号	616100000302
价税合计（大写）	⊗陆佰壹拾玖元叁角捌分　（小写）¥619.38						
车种车号	豫 B12568	车船吨位		备注			
主管税务机关及代码	开封市国家税务局顺河分局 141020300						

收款人：　　复核人：　　开票人：　　承运人：（章）开封广达汽运公司

第二联　发票联　受票方记账凭证

证 11$\frac{5}{7}$

货物运输业增值税专用发票 NO：00001532

抵扣联

开票日期　　年12月22日

承运人及 纳税人识别号	开封广达汽运公司 410203522072213	密码区	
实际受票方及 纳税人识别号	郑州东方公司 410102354333621		
收货人及 纳税人识别号	郑州东方公司 410102354333621	发货人及 纳税人识别号	开封宋城公司 410202324012208
起运地、经由、到达地	开封到郑州		
费用项目及金额	费用项目　金额 运输费　558.00	运输货物信息	丙材料　1 000公斤 戊材料　2 000公斤

合计金额	558.00	税率	11%	税额	61.38	机器编号	616100000302
价税合计（大写）	⊗陆佰壹拾玖元叁角捌分				（小写）¥619.38		
车种车号	豫 B12568	车船吨位		备注			
主管税务机关及代码	开封市国家税务局顺河分局 141020300						

收款人：　　复核人：　　开票人：　　承运人：（章）开封广达汽运公司

第三联　抵扣联　受票方抵扣凭证

证 11$\frac{6}{7}$

材料采购运杂费分配表

20　　年1月2日　　单位　元

材料名称	分配标准（重量）	分配率	分配金额
丙材料	1 000		186
戊材料	2 000		372
合　计	3 000	0.186	558

会计主管　　审核　　制表

证 $11\frac{7}{7}$

材料采购成本计算表

20　　年 1 月 2 日　　　　单位　元

材料名称	规格型号	单位	数　量	买　价	运　费	实际成本	单位成本
丙材料		千克	1 000	66 000	186	66 186	66.186
戊材料		千克	2 000	36 000	372	36 372	18.186

会计主管　　　　审核　　　　制表

12. 元月 2 日，丙材料、戊材料验收入库。

证 12

东方公司收料单

供应单位　开封宋城公司

发票号码 00523162　　　验收日期 20　　年 1 月 2 日　　　编号 1－002

材料名称	规格型号	单位	数量		实际成本				计划成本		材料成本差异	
			应收	实收	单价	买价	运费	合计	单价	合计	超支	节约
丙材料		千克	1 000	1 000	66	66 000	186	66 186	68	68 000		1 814
戊材料		千克	2 000	2 000	18	36 000	372	36 372	20	40 000		3 628
合计						102 000	558	102 558		108 000		5 442

仓库主管　李明玉　记账　　　　收料　李方　　业务采购　常亮

13. 元月 2 日，一车间领用材料一批。

证 13

东方公司领料单

领用单位　一车间　　　20　　　年 1 月 2 日　　　　编号 1－001

材料名称	规格型号	单位	数量		计划成本		备注
			请领	实发	单价	合计	
甲材料		千克	5 000	5 000	50	250 000	甲产品用料
乙材料		千克	3 000	3 000	46	138 000	甲产品用料
戊材料		千克	300	300	20	6 000	一般用料
合计						394 000	

二 会计记账

仓库主管　李明玉　　　记账　　　　　发料　邹华　　　领料　王维

14. 元月 2 日，收到兰州黄河公司托收承付款。

证 14

第 12－08 号

托收承付 凭证（收账通知）4

承付期限
到期 20　年 12 月 31 日

委托日期　　20　　年 12 月 25 日

付款人		收款人		
全称	兰州黄河公司	全称	郑州东方公司	
账号或地址	18－3156	账号	684952	
开户银行	工行兰州市西固分理处	开户银行	工行郑州市中原分理处	行号 82

托收金额	人民币（大写）	柒万元整	千	百	十	万	千	百	十	元	角	分
					¥	7	0	0	0	0	0	0

附件		商品发运情况	合同名称号码
附寄单证张数或册数	4	铁运，货已发出。	郑东销字038号

备注：	本托收款项已由付款人开户行全额划回并收入你账户内。 收款人开户银行盖章　　月　日	科目 ________ 对方科目 ________ 转账　　年　月　日 单位主管　　会计 复核　　记账

付款人开户行收到日期　　　年　　月　　日　　支付日期　　　年　　月　　日

此联是收款人开户银行在款项收妥后给收款人的收账通知

15. 元月 3 日，支付安装公司设备安装费。

证 $15\frac{1}{2}$

中国工商银行转账支票存根

支票号码　00655864

科　　目

对方科目

出票日期20　　　年1月3日

收款人：	郑州市安装公司
金　额：	3 900元
用　途：	安装设备

单位主管　　　　会计

证 $15\frac{2}{2}$

郑州市安装公司发票 NO.02081123

发　票　联

客户名称　郑州东方公司　　　　　　20　　年1月3日

项　　目	单位	数　　量	单　　价	金额							
				十	万	千	百	十	元	角	分
安装数控机床	台	3	1 300			3	9	0	0	0	0
合计人民币(大写) ⓧ拾ⓧ万叁仟玖佰零拾零元零角零分					¥	3	9	0	0	0	0

单位（盖章）郑州市安装公司　　　开票人　　　　收款人

二 报销凭证

16. 元月 3 日，以证券公司存款购入川东股份证券。

证 16

深圳证券中央登记清算公司

20　　年1月3日

成交过户交割凭单			买
股东编号	A627968	成交证券	川东股份
电脑编号	9452	成交数量	100 000（股）
公司编号	638	成交价格	2.80
申请编号	265	成交金额	280 000.00
申报时间	10.30.20	标准佣金	280.00
成交时间	10.31.10	过户费用	50.00
上次结存	0（股）	应付金额	280 330.00
本次成交	100 000（股）	实收金额	300 000.00
本次结存	100 000（股）	资金余额	19 670.00

客户联

经办单位郑州证券营业部　　客户签章东方公司 田苗广

17. 元月 3 日，从证券公司转回结余资金。

证 $17\frac{1}{2}$

中国工商银行进账单（收账通知）　1

20　　年1月3日　　第1-01号

出票人	全称	郑州证券营业部	收款人	全称	郑州东方公司
	账号	036×259		账号	684952
	开户银行	工行郑州市二七分理处		开户银行	工行郑州市中原分理处

人民币（大写）	千	百	十	万	千	百	十	元	角	分
壹万玖仟陆佰柒拾元整			¥	1	9	6	7	0	0	0

票据种类	转账支票
票据张数	1

单位主管　　会计　　复核　　记账

收款人开户行盖章

此联是收款人开户银行交给收款人的收账通知

证 $17\frac{2}{2}$

深圳特区证券公司

郑州营业部客户取款凭条

〔取款〕

流水号536　　20　　年1月3日

户　　名	郑州东方公司	资金账号	036×259	委托人签名	田苗广
取款金额	¥ 19 670.00	余　　额	¥0		
上海账号		深圳账号	000229616		

操作员　608　　复核员　路遥

18.元月3日，技术科刘峰报销差旅费并退回借款余额。

证 $18\frac{1}{2}$

差旅费报销单

姓名　刘峰　　职务　科长　　20　　年1月3日　　单位 元

起讫时间地点						在途补助		住勤补助		车船费		住宿费		会议费		其他	
月	日	起点	月	日	终点	天数	金额	天数	金额	张数	金额	张数	金额	张数	金额	张数	金额
12	16	郑州	12	16	广州	1	40	15	450	1	320	1	1 200			5	1 900
12	31	广州	12	31	郑州	1	40			1	320						
小　计						2	80	15	450	2	640	1	1 200			5	1 900
合计人民币(大写)肆仟贰佰柒拾元整　¥4 270.00																	
出差事由　广州联系技术引进事项								预借6 000			核销4 270			应退(补)1 730			

公司领导　燕鸽　　会计主管　　审核　　报销人　刘峰

证 $18\frac{2}{2}$

收　　据

NO.00005681

20　　年1月3日

今收到　刘峰

人民币

（大写）壹仟柒佰叁拾元整　　¥1 730.00

系　收　退出差借款余额

收款单位（盖章）公司财务科　　出纳　　经手人　刘峰

二　会计记账

19.元月3日，以现金支付技术科叶正青出差借款。

证 19

借　　款　　单

单位　技术科　　20　　年1月3日

今借到　财务科

人民币

（大写）叁仟元整　　¥3 000.00

借款理由　参加天津高新技术会议

公司领导　燕鸽　　单位主管　刘峰　　借款人　叶正青

二　会计记账

20. 元月 3 日，开出现金支票支付职工生活困难补助费。

证 20$\frac{1}{2}$

中国工商银行现金支票存根

支票号码 00268121

科目

对方科目

出票日期 20 年 1 月 3 日

收款人:	本公司
金额:	9 140 元
用途:	职工生活困难补助

单位主管 会计

中国工商银行**现金支票** （豫）支票号码: 00268121

本支票付款期十天

出票日期（大写）贰零 年 零壹 月 零叁 日 付款行名称 工行郑州市中原分理处

收款人 本公司 出票人账号 684952

人民币（大写） 玖仟壹佰肆拾元整

千	百	十	万	千	百	十	元	角	分
			¥	9	1	4	0	0	0

用途 职工生活困难补助

本支票款项请从我账户内支付

出票人签章

科目（借）

对方科目（贷）

付讫日期 年 月 日

出纳 复核 记账

贴对号单处

出纳对号单

证 $20\frac{2}{2}$

职工生活困难补助发放表

20　　年1月3日　　　　　　　　　　单位 元

姓 名	补助金额	签 章	备 注
刘卫国	1 500	刘卫国	父亲住院
王玉峰	1 500	王玉峰	母亲住院
李天民	1 840	李天民	本人住院
肖 亮	2 100	肖 亮	本人住院
方 园	2 200	方 园	本人住院
合 计	9 140		

工会主席 关淮　　　　　　制表 郝新

21. 元月3日，收到榕城公司上月发来的甲材料。

证 21

东方公司收料单

供应单位 福州榕城公司

发票号码 05172311　　　验收日期 20　　年 1月 3日　　编号 1－003

材料名称	规格型号	单位	数量		实际成本				计划成本		材料成本差异	
			应收	实收	单价	买价	运费	合计	单价	合计	超支	节约
甲材料		千克	2 000	2 000	48	96 000	2 000	98 000	50	100 000		2 000
合计						96 000	2 000	98000		100 000		2 000

二 会计记账

仓库主管 李明玉 记账　　　　收料 李方　业务采购 常亮

22. 元月 3 日，二车间领用材料一批。

证 22

东方公司领料单

领用单位 二车间　　　　20　　年 1 月 3 日　　　　编号 1－002

材料名称	规格型号	单位	数量		计划成本		备注
			请领	实发	单价	合计	
甲材料		千克	4 200	4 200	50	210 000	丙产品用料
丙材料		千克	1 000	1 000	68	68 000	丙产品用料
戊材料		千克	3 000	3 000	20	60 000	丙产品用料
丁材料		千克	100	100	70	7 000	一般用料
合计						345 000	

二 会计记账

仓库主管 李明玉　记账　　　　发料 邹华　领料 贺强

23. 元月 4 日，仓库收到泉城公司上月发来的乙材料。

证 23

东方公司收料单

供应单位 济南泉城公司

发票号码 03512615　　验收日期 20　年1月4日　　编号1－004

材料名称	规格型号	单位	数量		实际成本				计划成本		材料成本差异	
			应收	实收	单价	买价	运费	合计	单价	合计	超支	节约
乙材料		千克	1 000	1 000	43	43 000	1 800	44 800	46	46 000		1 200
合计						43 000	1 800	44 800		46 000		1 200

二 会计记账

仓库主管 李明玉　记账　　　收料 李方　业务采购 常亮

24. 元月 4 日，数控机床安装完工，交付生产车间使用。

证 24

固定资产工程竣工工程交接单

20　　年1月4日

设备名称	规格型号	单位	数量	开工日期	竣工日期	实际成本（元）			
						设备费	运杂费	安装费	合计
数控机床		台	3	1月2日	1月4日	1 560 000	3 132	3 900	1 567 032

移交单位			接受单位	部门	设备名称	数量	部门领导
	设备科主管	文森		一车间	数控机床	2 台	郭强
	设备科经办	鹿鸣		二车间	数控机床	1 台	冯力
	移交数量	3 台					

会计主管　　　　审核　　　　记账

25. 元月 4 日，开出现金支票，支付销售员新乐出差借款。

证 $25\frac{1}{2}$

借　款　单

单位　销售科　　　　20　　年　1　月　4　日

今借到　财务科

人民币

（大写）陆仟元整　　　　¥ 6 000 .00

借款理由　推销产品出差借款

二 会计记账

公司领导　燕鸽　　　　单位主管　楚萧　　　　借款人　新乐

证 $25\frac{2}{2}$

中国工商银行现金支票存根

支票号码 00268122

科 目

对方科目

出票日期 20 年 1 月 4 日

收款人：新乐
金 额：6 000 元
用 途：出差借款

单位主管 会计

26. 元月 4 日，向市社会保障服务中心缴纳上月职工养老保险费、失业保险费。

证 $26\ \frac{1}{2}$

社会保险费专用缴款书

20 年 1 月 4 日 NO:00005672

缴款单位	全 称	郑州东方公司	收款单位	全 称	市社会保障服务中心
	开户银行	工行郑州市中原分理处		开户银行	工行郑州市二七分理处
	账 号	684952		账 号	036×931

缴费所属日期 20 年 12 月 1 日至 20 年 12 月 31 日

缴费项目	缴费单位职工人数	缴费单位工资基数	缴费比例		应缴金额		实缴金额	
			单位	个人	单位部分	个人部分	单位部分	个人部分
养老保险费	342	615 000	21%		129 150		129 150	
失业保险费	342	615 000	2%		12 300		12 300	
实缴金额合计（大写）壹拾肆万壹仟肆佰伍拾元整					¥141 450.00			

收款单位（盖章）市社会保障服务中心 经办人

二 交款单位

证 $26\frac{2}{2}$

中国工商银行转账支票存根

支票号码 00655865

科　　目

对方科目

出票日期 20　　年1月4日

收款人：	市社会保障服务中心
金　额：	141 450元
用　途：	交养老保险费、失业保险费

单位主管　　　　会计

27. 元月4日，向市医疗保障服务中心缴纳上月职工医疗保险费。

证 $27\frac{1}{2}$

医疗保险费专用缴款书

20　　年1月4日　　　　NO:00010712

缴款单位	全　称	郑州东方公司	收款单位	全　称	市医疗保障服务中心
	开户银行	工行郑州市中原分理处		开户银行	工行郑州市二七分理处
	账　号	684952		账　号	036×872

缴费所属日期20　　年12月1日至20　　年12月31日

缴费项目	缴费单位职工人数	缴费单位工资基数	缴费比例		应缴金额		实缴金额	
			单位	个人	单位部分	个人部分	单位部分	个人部分
医疗保险费	342	615 000	8%		49 200		49 200	
实缴金额合计（大写）肆万玖仟贰佰元整					¥49 200.00			

收款单位（盖章）市医疗保障服务中心　　　　经办人

二 交款单位

证 $27\frac{2}{2}$

中国工商银行转账支票存根

支票号码 00655866

科　　目

对方科目

出票日期20　　年 1 月 4 日

收 款 人：	市医疗保障服务中心
金　　额：	49 200 元
用　　途：	交医疗保险费

单位主管　　　　会计

28. 元月 4 日，向市住房公积金管理办公室缴纳上月职工住房公积金。

证 $28\frac{1}{2}$

住房公积金专用缴款书

20　　年 1 月 4 日　　　　NO.00038642

缴款单位	全　称	郑州东方公司	收款单位	全　称	市住房公积金管理办公室
	开户银行	工行郑州市中原分理处		开户银行	工行郑州市二七分理处
	账　号	684952		账　号	036×656

缴费所属日期 20　　年 12 月 1 日至 20　　年 12 月 31 日

缴费项目	缴费单位职工人数	缴费单位工资基数	缴费比例		应缴金额		实缴金额	
			单位	个人	单位部分	个人部分	单位部分	个人部分
住房公积金	342	615 000	10%		61 500		61 500	
实缴金额合计（大写）陆万壹仟伍佰元整					¥61 500.00			

收款单位（盖章）市住房公积金管理办公室　　　　经办人

二 交款单位

证 28$\frac{2}{2}$

中国工商银行转账支票存根

支票号码 00655867

科 目

对方科目

出票日期20 年 1 月 4 日

收款人：	市住房公积金管理办公室
金 额：	61 500 元
用 途：	交住房公积金

单位主管 会计

29.元月 4 日，承付长城公司到期托收承付凭证款。

证 29$\frac{1}{8}$

第 号

托收号码

邮

托收承付凭证（承付支款通知）5

委托日期 20 年12月25日

承付期限
到期20 年1月4日

付款人			收款人				
	全 称	郑州东方公司		全 称	北京长城公司		
	账号或地址	684952		账 号	82660－8		
	开户银行	工行郑州市中原分理处		开户银行	工行北京市团城分理处	行号	56

托收金额	人民币（大写）	千	百	十	万	千	百	十	元	角	分
	贰万伍仟零捌拾陆元陆角柒分			¥	2	5	0	8	6	6	7

附件		商品发运情况	合同名称号码
附寄单证张数或册数	5	汽运，货已发出。	京长销字382号

备注	付款人注意
备注： 材料价税114 426元，代垫运费660.67元，合计115 086.67元。已预收货款90 000元，应承付货款差额25 086.67元。	付款人注意： 1. 根据结算办法规定，上列托收款项，在承付期限内未拒付时，即视同全部承付。如系全额支付即以此联代支款通知；如遇延付或部分支付时，再由银行另送延付或部分支付的支款通知。 2. 如需提前承付或多承付时，应另写书面通知送银行办理。 3. 如系全部或部分拒付，应在承付期限内另填拒绝承付理由书送银行办理。

此联是付款人开户银行通知付款人承付货款的承付（支款）通知

单位主管 会计 复核 记账 付款人开户银行盖章 月 日

证 29$\frac{2}{8}$

北京市增值税专用发票 NO. 01056216

发票联

开票日期 20 年 12 月 25 日

购货单位				
购货单位	名称	郑州东方公司	纳税人登记号	410102354333621
	地址电话	郑州市颍河路256号66358216	开户银行及账号	工行郑州市中原分理处684952

货物或应税劳务名称	计量单位	数量	单价	金额 十	万	千	百	十	元	角	分	税率(%)	税额 十	万	千	百	十	元	角	分
甲材料	千克	600	48		2	8	8	0	0	0	0	17			4	8	9	6	0	0
丁材料	千克	1 000	69		6	9	0	0	0	0	0	17		1	1	7	3	0	0	0
合计				¥	9	7	8	0	0	0	0		¥	1	6	6	2	6	0	0

价税合计（大写）	※佰壹拾壹万肆仟肆佰贰拾陆元零角零分			¥114 426.00
销货单位	名称	北京长城公司	纳税人登记号	110112324012119
	地址电话	北京市东风南路69号81959211	开户银行及账号	工行北京市团城分理处82660－8
备注	已收到郑州东方公司预付货款玖万元			

收款人 开票单位（未盖章无效）北京长城公司

第二联 发票联 购货方记账凭证

证 29$\frac{3}{8}$

北京市增值税专用发票 NO.01056216

抵扣联

开票日期 20 年 12 月 25 日

购货单位				
购货单位	名称	郑州东方公司	纳税人登记号	410102354333621
	地址电话	郑州市颍河路256号66358216	开户银行及账号	工行郑州市中原分理处684952

货物或应税劳务名称	计量单位	数量	单价	金额 十	万	千	百	十	元	角	分	税率(%)	税额 十	万	千	百	十	元	角	分
甲材料	千克	600	48		2	8	8	0	0	0	0	17			4	8	9	6	0	0
丁材料	千克	1 000	69		6	9	0	0	0	0	0	17		1	1	7	3	0	0	0
合计				¥	9	7	8	0	0	0	0		¥	1	6	6	2	6	0	0

价税合计（大写）	※佰壹拾壹万肆仟肆佰贰拾陆元零角零分			¥114 426.00
销货单位	名称	北京长城公司	纳税人登记号	110112324012119
	地址电话	北京市东风南路69号81959211	开户银行及账号	工行北京市团城分理处82660－8
备注	已收到郑州东方公司预付货款玖万元			

收款人 开票单位（未盖章无效）北京长城公司

第三联 抵扣联 购货方作抵扣税款凭证

证 $29\frac{4}{8}$

货物运输业增值税专用发票 NO：00009123

发票联

开票日期　　　年 12 月 24 日

承运人及 纳税人识别号	北京通达汽运公司 110111522072285	密码区	
实际受票方及 纳税人识别号	郑州东方公司 410102354333621		
收货人及 纳税人识别号	郑州东方公司 410102354333621	发货人及 纳税人识别号	北京长城公司 110112324012119
起运地、经由、到达地	北京经石家庄到郑州		
费用项目及金额	费用项目　金额 运输费　595.20	运输货物信息	甲材料　600 公斤 丁材料　1 000 公斤

合计金额	595.20	税率	11%	税额	65.47	机器编号	656500000146
价税合计（大写）	⊗陆佰陆拾元陆角柒分			（小写）¥660.67			
车种车号	京 A10451	车船吨位		备注			
主管税务机关及代码	北京市国家税务局房山分局 111011100						

收款人：　　复核人：　　开票人：　　承运人：（章）北京通达汽运公司

第二联 发票联 受票方记账凭证

证 29$\frac{5}{8}$

货物运输业增值税专用发票 NO：00009123

抵扣联

开票日期 年 12 月 24 日

承运人及 纳税人识别号	北京通达汽运公司 110111522072285	密码区	
实际受票方及 纳税人识别号	郑州东方公司 410102354333621		
收货人及 纳税人识别号	郑州东方公司 410102354333621	发货人及 纳税人识别号	北京长城公司 110112324012119
起运地、经由、到达地	北京经石家庄到郑州		
费用项目及金额	费用项目 运输费 金额 595.20	运输货物信息	甲材料 600 公斤 丁材料 1 000 公斤

合计金额	595.20	税率	11%	税额	65.47	机器编号	656500000146
价税合计（大写）	⊗陆佰陆拾元陆角柒分				（小写）¥660.67		
车种车号	京 A10451	车船吨位		备注			
主管税务机关及代码	北京市国家税务局房山分局 111011100						

收款人： 复核人： 开票人： 承运人：（章）北京通达汽运公司

第三联 抵扣联 受票方抵扣凭证

证 29$\frac{6}{8}$

材料采购运杂费分配表

20 年 1 月 4 日 单位 元

材料名称	分配标准（重量）	分配率	分配金额
甲材料 丁材料	600 1 000		223.20 372.00
合 计	1 600	0. 372	595.20

会计主管 审核 制表

证 29$\frac{7}{8}$

收　　据

NO.00000686

20　　年12月25日

今收到　郑州东方公司

人民币

（大写）玖万元整　　　　　　　　　　　　¥90 000.00

系　收预付货款

一
交款单位

收款单位（盖章）北京长城公司财务科　　出纳　　　　经手人

证 29$\frac{8}{8}$

材料采购成本计算表

20　　年1月4日　　　　　　　　单位　元

材料名称	规格型号	单位	数　量	买　价	运　费	实际成本	单位成本
甲材料		千克	600	28 800	223.20	29 023.20	48.372
丁材料		千克	1 000	69 000	372.00	69 372.00	69.372

会计主管　　　　　　审核　　　　　　制表

30. 元月4日，甲材料、丁材料验收入库。

证 30

东方公司收料单

供应单位　北京长城公司

发票号码 01056216　　　验收日期 20　年1月4日　　　编号1-005

材料名称	规格型号	单位	数量		实际成本				计划成本		材料成本差异	
			应收	实收	单价	买价	运费	合计	单价	合计	超支	节约
甲材料		千克	600	600	48	28 800	223.20	29 023.20	50	30 000		976.80
丁材料		千克	1 000	1 000	69	69 000	372	69 372	70	70 000		628
合计						97 800	595.20	98 395.20		100 000		1 604.80

仓库主管　李明玉　记账　　　收料　李方　　业务采购　常亮

二　会计记账

31. 元月4日，向济水公司销售商品一批，货款收到存入公司银行账户。

证 $31\frac{1}{3}$

中国工商银行进账单(收账通知)　1

20　年1月4日　　　第1—02号

出票人	全称	河南济水公司	收款人	全称	郑州东方公司
	账号	689135		账号	684952
	开户银行	工行郑州市中原分理处		开户银行	工行郑州市中原分理处

人民币(大写)	千	百	十	万	千	百	十	元	角	分
壹拾柒万伍仟伍佰元整		¥	1	7	5	5	0	0	0	0

票据种类	转账支票
票据张数	1

单位主管　会计　复核　记账

收款人开户行盖章

此联是收款人开户银行交给收款人的收账通知

证 $31\frac{2}{3}$

河南省增值税专用发票　NO. 00315212

开票日期 20　年 1 月 4 日

购货单位	名　　称	河　南　济　水　公　司	纳税人登记号	4 1 0 1 0 2 3 6 9 9 1 2 3 1 6
	地址电话	郑州市中原路 81 号 68547388	开户银行及账号	工行郑州市中原分理处 689135

货物或应税劳务名称	计量单位	数量	单价	金额								税率（%）	税额							
				十	万	千	百	十	元	角	分		十	万	千	百	十	元	角	分
甲产品	只	200	350		7	0	0	0	0	0	0	17		1	1	9	0	0	0	0
乙产品	只	500	160		8	0	0	0	0	0	0	17		1	3	6	0	0	0	0
合　　计				1	5	0	0	0	0	0	0		¥	2	5	5	0	0	0	0

价税合计（大写）	※佰壹拾柒万伍仟伍佰零拾零元零角零分　¥175 500.00			
销货单位	名　　称	郑州东方公司	纳税人登记号	4 1 0 1 0 2 3 5 4 3 3 3 6 2 1
	地址电话	郑州市颍河路 256 号 66358216	开户银行及账号	工行郑州市中原分理处 684952
备注				

收款人　　　　开票单位（未盖章无效）郑州东方公司

第四联　记账联　销货方记账凭证

证 $31\frac{3}{3}$

产成品销售出库单　NO.1－001

购货单位　河南济水公司　　20　年1月4日

产品名称	规格型号	计量单位	出库数量		备注
			应出库	实出库	
甲产品		只	200	200	
乙产品		只	500	500	

仓库主管吕美　　发货周庆　　提货　　制单肖笑

二　会计记账

32. 元月 4 日，一车间领用材料一批。

证 32

东方公司领料单

领用单位 一车间　　　　20　年 1 月 4 日　　　　编号 1－003

材料名称	规格型号	单位	数量		计划成本		备注
			请领	实发	单价	合计	
丙材料		千克	3 000	3 000	68	204 000	乙产品耗用
丁材料		千克	3 000	3 000	70	210 000	乙产品耗用
戊材料		千克	400	400	20	8 000	一般用料
合计						422 000	

仓库主管 李明玉　　记账　　　　发料 邹华　　领料 王维

二 会计记账

33. 元月 5 日，采用现金折扣方式向黄河公司售出商品一批，合同规定付款条件为 2/10、1/20、n/30，货物已自行运回。

证 $33\frac{1}{2}$

河南省增值税专用发票

NO. 00315213

开票日期　20　年 1 月 5 日

购货单位			
名称	兰州黄河公司	纳税人登记号	620104369912231
地址电话	兰州市古浪路 36 号 81857286	开户银行及账号	工行兰州市西固分理处 18-3156

货物或应税劳务名称	计量单位	数量	单价	金额								税率(%)	税额							
				十	万	千	百	十	元	角	分		十	万	千	百	十	元	角	分
甲产品	只	600	350	2	1	0	0	0	0	0	0	17		3	5	7	0	0	0	0
丙产品	只	1 000	150	1	5	0	0	0	0	0	0	17		2	5	5	0	0	0	0
合计				3	6	0	0	0	0	0	0		¥	6	1	2	0	0	0	0

价税合计（大写）　※佰肆拾贰万壹仟贰佰零拾零元零角零分　¥421 200.00

销货单位			
名称	郑州东方公司	纳税人登记号	410102354333621
地址电话	郑州市颍河路 256 号 66358216	开户银行及账号	工行郑州市中原分理处 684952
备注			

收款人　　　　开票单位（未盖章无效）郑州东方公司

第四联 记账联 销货方记账凭证

证 $33\frac{2}{2}$

产成品销售出库单　NO.1－002

购货单位　兰州黄河公司　　20　年1月5日

产品名称	规格型号	计量单位	出库数量		备注
			应出库	实出库	
甲产品		只	600	600	自提
丙产品		只	1 000	1 000	

二 会计记账

仓库主管　吕美　　发货　周庆　　提货　　制单　肖笑

34. 元月 5 日，设备科鹿鸣报销差旅费，退回借款余额。

证 $34\frac{1}{2}$

差旅费报销单

姓名　鹿鸣　　职务　副科长　　20　年1月5日　　单位 元

起讫时间地点						在途补助		住勤补助		车船费		住宿费		会议费		其他	
月	日	起点	月	日	终点	天数	金额	天数	金额	张数	金额	张数	金额	张数	金额	张数	金额
1	1	郑州	1	1	上海			2	60			1	160			1	900
1	3	上海	1	3	郑州	1	40			1	235						
小计						1	40	2	60	1	235	1	160			1	900
合计人民币（大写）壹仟叁佰玖拾伍元整　　¥1 395.00																	
出差事由　上海购设备（其他为飞机票）										预借 2 000　核销 1 395　应退（补）605							

公司领导　燕鸽　　会计主管　　审核　　报销人鹿鸣

证 34 $\frac{2}{2}$

收　据

NO.00005682

20　　年1月5日

今收到　鹿　鸣

人民币

（大写）陆佰零伍元整　　¥605.00

系　收 退借款余额

收款单位（盖章）东方公司财务科　　出纳　　　经手人 鹿鸣

二 会计记账

35. 元月5日，生产车间扩建工程领用材料一批。

证 35

东方公司领料单

领用单位　基建科　　　　20　　年 1 月 5 日　　　　编号 1-004

材料名称	规格型号	单位	数量		计划成本		备注
			请领	实发	单价	合计	
甲材料		千克	1 000	1 000	50	50 000	生产车间扩建工程用料
乙材料		千克	1 500	1 500	46	69 000	
丁材料		千克	500	500	70	35 000	
合计						154 000	

仓库主管　李明玉　　记账　　　　发料　邹华　　　领料　闻健

二 会计记账

36. 元月 5 日，结转生产车间扩建工程领用材料应负担的成本差异。

证 36

在建工程领用材料应结转成本差异计算表

20　　年 1 月 5 日　　　　单位 元

材料名称	计量单位	领用月初库存材料应结转成本差异额					领用本月购进材料应结转成本差异额											应结转材料成本差异额合计
							领用本月购料计划成本			领用本月第一次购料实际成本			领用本月第二次购料实际成本			领用本月购进材料实际成本合计	成本差异额	
		数量	计划单价	计划成本	成本差异率	成本差异额	数量	计划单价	合计	数量	实际单价	合计	数量	实际单价	合计			
甲材料	千克						1 000	50	50 000	440	49	21 560	560	48.372	27 088.32	48 648.32	−1 351.68	−1 351.68
乙材料	千克	1500	46	69 000	1%	690												690
丁材料	千克						500	70	35 000	500	69.372	34 686				34 686	−314	−314
合计				69 000		690			85 000			56 246			27 088.32	83 334.32	−1 665.68	−975.68

会计主管　　　　记账　　　　审核　　　　制表

37. 元月 5 日，结转生产车间扩建工程领用材料应转出的增值税待抵扣进项税额。

证 37

生产车间扩建工程领用材料应转出进项税计算表

20　　年 1 月 5 日　　　　单位 元

领用材料计划成本	应负担材料成本差异	实际成本	适用的增值税税率	应转出待抵扣进项税额
154 000	-975.68	153 024.32	17%	10 405.65

会计主管　　记账　　审核　　制表

38. 元月 5 日，采用支付手续费的方式，委托梁园公司销售丙产品一批，货物已被梁园公司自行运回。

证 $38\frac{1}{2}$

委托代销协议

经协商，东方公司委托梁园公司代销丙产品 1 000 只，单位销售价格 160 元（不含税），货款由梁园公司在元月 15 日、25 日和 2 月 5 日通过银行汇出，汇款比例分别为全部货款的 30%、50% 和 20%，东方公司按商品销售额（不含增值税销项税额）的 10% 向梁园公司支付手续费。

委托单位：郑州东方公司（签章）

受托单位：商丘梁园公司（签章）

20　　年 1 月 3 日

证 38 $\frac{2}{2}$

委托代销商品出库单 NO.1—001

代销单位 商丘梁园公司　　20　　年 1 月 5 日　　单位 元

产品名称	规格型号	单位	代销数量	单位成本	代销商品总成本	备注
丙产品		只	1 000	112	112 000	单位售价 160 元

二 会计记账

仓库主管 吕美　　发货 周庆　　提货　　制表 肖笑

39. 元月 5 日，开出转账支票支付电视台广告费。

证 39$\frac{1}{2}$

郑州市广告业专用发票 NO.02160315

客户名称 郑州东方公司　　20　　年 1 月 5 日

项目	单位	数量	单价	金额							
				十	万	千	百	十	元	角	分
产品广告费	次	30	202.50			6	0	7	5	0	0
合计：人民币（大写）ⓧ拾ⓧ万陆仟零佰柒拾伍元零角零分					¥	6	0	7	5	0	0

二 报销凭证

单位（盖章）河南电视台　　开票人　　收款人

证 39$\frac{2}{2}$

中国工商银行转账支票存根

支票号码 00655868

科 目

对方科目

出票日期20 年 1 月 5 日

收款人：	河南电视台
金 额：	6075 元
用 途：	广告费

单位主管 会计

40. 元月 5 日，承付春城公司托收承付凭证款。

证 40$\frac{1}{7}$

托收承付凭证（承付/支款 通知） 5

第 号
托收号码

承付期限
到期20 年 1 月 5 日

委托日期 20 年 12 月 26 日

付款人			收款人				
付款人	全称	郑州东方公司	收款人	全称	昆明春城公司		
	账号或地址	684952		账号	6391－32		
	开户银行	工行郑州市中原分理处		开户银行	工行昆明市石林分理处	行号	93

托收金额	人民币（大写）贰拾肆万零贰佰贰拾捌元肆角伍分	千	百	十	万	千	百	十	元	角	分
			¥	2	4	0	2	2	8	4	5

附件		商品发运情况	合同名称号码
附寄单证张数或册数	4	汽运，货已发出。	昆春销字932号

备注：	付款人注意： 1. 根据结算办法规定，上列托收款项，在承付期限内未拒付时，即视同全部承付。如系全额支付即以此联代支款通知；如遇延付或部分支付时，再由银行另送延付或部分支付的支款通知。 2. 如需提前承付或多承付时，应另写书面通知送银行办理。 3. 如系全部或部分拒付，应在承付期限内另填拒绝承付理由书送银行办理。

此联是付款人开户银行通知付款人承付货款的承付（支款）通知

单位主管 会计 复核 记账 付款人开户银行盖章 月 日

证 40$\frac{2}{7}$

云南省增值税专用发票

NO. 00031532

发票联

开票日期　20　　年 12 月 26 日

购货单位	名　称	郑州东方公司	纳税人登记号	10102354333621
	地址电话	郑州市颍河路 256 号 66358216	开户银行及账号	工行郑州市中原分理处 684952

货物或应税劳务名称	计量单位	数量	单价	金额								税率（%）	税额							
				十	万	千	百	十	元	角	分		十	万	千	百	十	元	角	分
丙材料	千克	2 000	67	1	3	4	0	0	0	0	0	17		2	2	7	8	0	0	0
丁材料	千克	1 000	70		7	0	0	0	0	0	0	17		1	1	9	0	0	0	0
合　计				2	0	4	0	0	0	0	0		¥	3	4	6	8	0	0	0

价税合计（大写）	※佰贰拾叁万捌仟陆佰捌拾零元零角零分		¥238 680.00	
销货单位	名　称	昆明春城公司	纳税人登记号	530113324012106
	地址电话	昆明市云山路 52 号 3161918	开户银行及账号	工行昆明市石林分理处 6391－32
备注				

收款人　　　　开票单位（未盖章无效）昆明春城公司

第二联 发票联 购货方记账凭证

证 40$\frac{3}{7}$

云南省增值税专用发票

NO. 00031532

抵扣联

开票日期　20　　年 12 月 26 日

购货单位	名　称	郑州东方公司	纳税人登记号	410102354333621
	地址电话	郑州市颍河路 256 号 66358216	开户银行及账号	工行郑州市中原分理处 684952

货物或应税劳务名称	计量单位	数量	单价	金额								税率（%）	税额							
				十	万	千	百	十	元	角	分		十	万	千	百	十	元	角	分
丙材料	千克	2 000	67	1	3	4	0	0	0	0	0	17		2	2	7	8	0	0	0
丁材料	千克	1 000	70		7	0	0	0	0	0	0	17		1	1	9	0	0	0	0
合　计				2	0	4	0	0	0	0	0		¥	3	4	6	8	0	0	0

价税合计（大写）	※佰贰拾叁万捌仟陆佰捌拾零元零角零分		¥238 680.00	
销货单位	名　称	昆明春城公司	纳税人登记号	530113324012106
	地址电话	昆明市云山路 52 号 3161918	开户银行及账号	工行昆明市石林分理处 6391－32
备注				

收款人　　　　开票单位（未盖章无效）昆明春城公司

第二联 抵扣联 购货方作抵扣税款凭证

证 $40\frac{4}{7}$

货物运输业增值税专用发票 NO：00007638

发票联

开票日期　　年12月25日

承运人及 纳税人识别号	昆明顺达汽运公司 530102522072213	密码区	
实际受票方及 纳税人识别号	郑州东方公司 410102354333621		
收货人及 纳税人识别号	郑州东方公司 410102354333621	发货人及 纳税人识别号	昆明春城公司 530113324012106
起运地、经由、到达地	昆明经成都、西安到郑州		
费用项目及金额	费用项目　金额 运输费　1 395.00	运输货物信息	丙材料 2 000公斤 丁材料 1 000公斤
合计金额	1 395.00	税率	11%
税额	153.45	机器编号	393900000618
价税合计（大写）	⊗壹仟伍佰肆拾捌元肆角伍分	（小写）	¥1 548.45
车种车号	滇 A16482	车船吨位	
主管税务机关及代码	昆明市国家税务局五华分局 153010200	备注	

收款人：　　复核人：　　开票人：　　承运人：（章）昆明顺达汽运公司

第二联 发票联 受票方记账凭证

证 40$\frac{5}{7}$

货物运输业增值税专用发票 NO：00007638

抵扣联

开票日期　　年 12 月 25 日

承运人及 纳税人识别号	昆明顺达汽运公司 530102522072213	密码区	
实际受票方及 纳税人识别号	郑州东方公司 410102354333621		
收货人及 纳税人识别号	郑州东方公司 410102354333621	发货人及 纳税人识别号	昆明春城公司 530113324012106
起运地、经由、到达地	昆明经成都、西安到郑州		
费用项目及金额	费用项目　金额 运输费　1 395.00	运输货物信息	丙材料 2 000 公斤 丁材料 1 000 公斤

合计金额	1 395.00	税率	11%	税额	153.45	机器编号	393900000618
价税合计（大写）	⊗壹仟伍佰肆拾捌元肆角伍分				（小写）¥1 548.45		
车种车号	滇 A16482	车船吨位		备注			
主管税务机关及代码	昆明市国家税务局五华分局 153010200						

收款人：　复核人：　开票人：　承运人：（章）昆明顺达汽运公司

第三联　抵扣联　受票方抵扣凭证

证 40$\frac{6}{7}$

材料采购运杂费分配表

20　年 1 月 5 日　　单位　元

材料名称	分配标准（重量）	分配率	分配金额
丙材料 丁材料	2 000 1 000		930 465
合　计	3 000	0.465	1 395

会计主管　　审核　　制表

证 $40\frac{7}{7}$

材料采购成本计算表

20　　年1月5日　　　　　　　　　　　　　　　　单位　元

材料名称	规格型号	单位	数　量	买　价	运　费	实际成本	单位成本
丙材料		千克	2 000	134 000	930	134 930	67.465
丁材料		千克	1 000	70 000	465	70 465	70.465

会计主管　　　　　　　　审核　　　　　　　　制表

41. 元月5日，丙材料、丁材料验收入库。

证41

东方公司收料单

供应单位　昆明春城公司

发票号码　00031532　　　验收日期　20　　年1月5日　　　　　　编号1—006

材料名称	规格型号	单位	数量		实际成本				计划成本		材料成本差异	
			应收	实收	单价	买价	运费	合计	单价	合计	超支	节约
丙材料		千克	2 000	2 000	67	134 000	930	134 930	68	136 000		1 070
丁材料		千克	1 000	1 000	70	70 000	465	70 465	70	70 000	465	
合计						204 000	1 395	205 395		206 000		605

一　会计记账

仓库主管　李明玉　记账　　　　　收料　李方　业务采购　常亮

42. 元月 5 日，供应科常亮报销差旅费并退回借款余额。

证 $42\frac{1}{2}$

差旅费报销单

姓名 常亮　　职务 业务员　20　　年1月5日　　　　单位 元

起讫时间地点						在途补助		住勤补助		车船费		住宿费		会议费		其他	
月	日	起点	月	日	终点	天数	金额	天数	金额	张数	金额	张数	金额	张数	金额	张数	金额
12	22	郑州	12	22	昆明	1	40	12	360	1	410	1	960			4	1 050
1	3	昆明	1	3	郑州	1	40			1	410						
小计						2	80	12	360	2	820	1	960			4	1 050
合计人民币（大写）叁仟贰佰柒拾元整												¥3 270.00					
出差事由 昆明采购材料										预借 4 000		核销 3 270				应退（补）730	

公司领导 燕鸽　　会计主管　　　　审核　　　　报销人 常亮

证 $42\frac{2}{2}$

收　据

NO.00005683

20　　年1月5日

今收到 常亮

人民币（大写）柒佰叁拾元整　　¥730.00

系 收退出差借款余额

收款单位（盖章）公司财务科　　出纳　　经手人 常亮

二 会计记账

43. 元月 5 日，一车间、二车间产成品验收入库。

证 $43\frac{1}{2}$

产成品入库单

交货单位　一车间　　　20　　年1月5日　　　　　编号 1－001

产品名称	规格型号	计量单位	交送数量	检验结果		实收数量
				合　格	不合格	
甲产品		只	350	350		350
乙产品		只	800	800		800

二　会计记账

仓库保管员　凤虹　　　　质检员　严立　　　　车间经办人　丰环

证 $43\frac{2}{2}$

产成品入库单

交货单位　二车间　　　20　　年1月5日　　　　　编号 1－002

产品名称	规格型号	计量单位	交送数量	检验结果		实收数量
				合　格	不合格	
丙产品		只	800	800		800

二　会计记账

仓库保管员　凤虹　　　　质检员　严立　　　　车间经办人　向阳

44. 元月 6 日，修理车间领用材料一批。

证 44

东方公司领料单

领用单位 修理车间　　20　　年 1 月 6 日　　编号 1－005

材料名称	规格型号	单位	数量		计划成本		备注
			请领	实发	单价	合计	
乙材料		千克	1 200	1 200	46	55 200	对车间、部门
丙材料		千克	500	500	68	34 000	提供劳务用料
丁材料		千克	300	300	70	21 000	
戊材料		千克	100	100	20	2 000	本车间一般用料
合计						112 200	

二 会计记账

仓库主管 李明玉　记账　　发料 邹华　　领料 高原

45. 元月 6 日，从银行提取现金，以备零星开支。

证 45

中国工商银行现金支票存根

支票号码 00268123

科 目

对方科目

出票日期 20　　年 1 月 6 日

收款人：本公司
金 额：5 000 元
用 途：备用

单位主管　　会计

46. 元月 6 日，以转账支票支付河南石油公司油料款。

证 46$\frac{1}{3}$

河南省增值税专用发票

NO. 00306518

发票联

开票日期 20 年 1 月 6 日

购货单位			
名 称	郑州东方公司	纳税人登记号	410102354333621
地址电话	郑州市颍河路 256 号 66358216	开户银行及账号	工行郑州市中原分理处 684952

货物或应税劳务名称	计量单位	数 量	单价	金额								税率（%）	税额							
				十	万	千	百	十	元	角	分		十	万	千	百	十	元	角	分
汽油	千克	2 000	4.38			8	7	6	0	0	0	17			1	4	8	9	2	0
柴油	千克	10 000	4.35		4	3	5	0	0	0	0	17			7	3	9	5	0	0
合 计				¥	5	2	2	6	0	0	0			¥	8	8	8	4	2	0

价税合计（大写）	※佰※拾陆万壹仟壹佰肆拾肆元贰角零分	¥61 144.20	
销货单位 名 称	河南石油公司	纳税人登记号	410105636231126
地址电话	郑州市铭功路 66 号 68184919	开户银行及账号	工行郑州市金水分理处 827691
备 注			

收款人 开票单位（未盖章无效）河南石油公司

第二联 发票联 购货方记账凭证

证 46$\frac{2}{3}$

河南省增值税专用发票

NO. 00306518

抵扣联

开票日期 20 年 1 月 6 日

购货单位			
名 称	郑州东方公司	纳税人登记号	410102354333621
地址电话	郑州市颍河路 256 号 66358216	开户银行及账号	工行郑州市中原分理处 684952

货物或应税劳务名称	计量单位	数 量	单价	金额								税率（%）	税额							
				十	万	千	百	十	元	角	分		十	万	千	百	十	元	角	分
汽油	千克	2 000	4.38			8	7	6	0	0	0	17			1	4	8	9	2	0
柴油	千克	10 000	4.35		4	3	5	0	0	0	0	17			7	3	9	5	0	0
合 计				¥	5	2	2	6	0	0	0			¥	8	8	8	4	2	0

价税合计（大写）	※佰※拾陆万壹仟壹佰肆拾肆元贰角零分	¥61 144.20	
销货单位 名 称	河南石油公司	纳税人登记号	410105636231126
地址电话	郑州市铭功路 66 号 68184919	开户银行及账号	工行郑州市金水分理处 827691
备 注			

收款人 开票单位（未盖章无效）河南石油公司

第三联 抵扣联 购货方作抵扣税款凭证

证 $46\frac{3}{3}$

中国工商银行转账支票存根

支票号码 00655869

科 目

对方科目

出票日期20 年 1 月 6 日

收款人：河南石油公司	
金 额：61 144.20 元	
用 途：购油料	

单位主管 会计

47. 元月6日，汽油、柴油验收入库。

证 47

东方公司收料单

供应单位 河南石油公司

发票号码 00306518 验收日期 20 年1月6日 编号 1－007

材料名称	规格型号	单位	数量		实际成本				计划成本		材料成本差异	
			应收	实收	单价	买价	运费	合计	单价	合计	超支	节约
汽油		千克	2 000	2 000	4.38	8 760		8 760	4.40	8 800		40
柴油		千克	10 000	10 000	4.35	43 500		43 500	4.30	43 000	500	
合计						52 260		52 260		51 800	460	

二 会计记账

仓库主管 李明玉 记账 收料 李方 业务采购 常亮

48. 元月 6 日，缴纳上月增值税。

证 48

无银行收讫章无效

中华人民共和国
税收通用缴款书

国

隶属关系

经济类型

填发日期 20　　年 1 月 6 日

豫国缴字第 09462 号

征收机关　市国税局直属分局

缴款单位（人）	代码	410102354333621	预算科目	编码	101010101
	全称	郑州东方公司		名称	增值税
	开户银行	工行郑州市中原分理处		级次	中央 75%，地方 25%
	账号	684952	收缴国库		市国库

税款所属时期 20　　年 12 月 1 日至 20　　年 12 月 31 日　　税款限缴日期 20　　年 1 月 15 日

品目名称	课税数量	计税金额或销售收入	税率或单位税额	已缴或扣除额	实缴金额 千	百	十	万	千	百	十	元	角	分
销售货物		1 900 000	17%	293 000				3	0	0	0	0	0	0
金额合计（大写）⊗仟⊗佰⊗拾叁万零仟零佰零拾零元零角零分							¥	3	0	0	0	0	0	0

缴款单位（人）（盖章）	税务机关（盖章）	上列款项已收妥并划转收款单位账户	备注：
		国库（银行）盖章	
经办人（章）	填票人（章）	20　　年 1 月 6 日	

逾期不缴按税法规定加收滞纳金

第一联（收据）国库（经收处）收款盖章后退缴款单位（人）作完税凭证

49. 元月 6 日，缴纳上月城市维护建设税。

证 49

地

中华人民共和国
税收通用缴款书

隶属关系　　　　　　　　　　　　　　　　　　　　　豫地缴字第 10682 号

经济类型　　　　填发日期 20　　年 1 月 6 日　　　　征收机关　市地税局直属分局

无银行收讫章无效

缴款单位（人）	代码	410102354333621	预算科目	编码	101090100
	全称	郑州东方公司		名称	城建税
	开户银行	工行郑州市中原分理处		级次	市级
	账号	684952	收缴国库		市国库

税款所属时期 20　　年 12 月 1 日至 20　　年 12 月 31 日　　　　税款限缴日期 20　　年 1 月 15 日

品目名称	课税数量	计税金额或销售收入	税率或单位税额	已缴或扣除额	实缴金额 千	百	十	万	千	百	十	元	角	分
增值税		30 000	7%						2	1	0	0	0	0
金额合计（大写）⊗仟⊗佰⊗拾⊗万贰仟壹佰零拾零元零角零分								¥	2	1	0	0	0	0

缴款单位（人） （盖章） 经办人（章）	税务机关 （盖章） 填票人（章）	上列款项已收妥并划转收款单位账户 国库（银行）盖章 20　　年 1 月 6 日	备注：

逾期不缴按税法规定加收滞纳金

第一联（收据）国库（经收处）收款盖章后退缴款单位（人）作完税凭证

50. 元月 6 日，缴纳上月教育费附加。

证 50

中华人民共和国
税收通用缴款书

地

隶属关系　　　　　　　　　　　　　　　　　　　　豫地缴字第 10683 号

经济类型　　　　填发日期 20　　年 1 月 6 日　　　　征收机关　市地税局直属分局

无银行收讫章无效

缴款单位（人）	代码	410102354333621	预算科目	编码	103020301
	全称	郑州东方公司		名称	教育费附加
	开户银行	工行郑州市中原分理处		级次	市级
	账号	684952	收缴国库		市国库

税款所属时期20　　年 12 月 1 日至 20　　年 12 月 31 日　　　税款限缴日期 20　　年 1 月 15 日

品目名称	课税数量	计税金额或销售收入	税率或单位税额	已缴或扣除额	实缴金额 千	百	十	万	千	百	十	元	角	分
增值税		30 000	3%							9	0	0	0	0
金额合计（大写）⊗仟⊗佰⊗拾⊗万⊗仟玖佰零拾零元零角零分									¥	9	0	0	0	0

缴款单位（人）（盖章）	税务机关（盖章）	上列款项已收妥并划转收款单位账户	备注：
		国库（银行）盖章	
经办人（章）	填票人（章）	20　　年 1 月 6 日	

逾期不缴按税法规定加收滞纳金

第一联（收据）国库（经收处）收款盖章后退缴款单位（人）作完税凭证

51. 元月 8 日，销售科李明报销差旅费，并退回借款余额。

证 $51\frac{1}{2}$

差 旅 费 报 销 单

姓名　李明　　职务　销售员　　　20　　年1月8日　　　　单位　元

起讫时间地点						在途补助		住勤补助		车船费		住宿费		会议费		其他	
月	日	起点	月	日	终点	天数	金额	天数	金额	张数	金额	张数	金额	张数	金额	张数	金额
12	20	郑州	12	20	上海	1	40	17	510	1	235	1	1 360	1	800	4	960
1	6	上海	1	6	郑州	1	40			1	235						
小计						2	80	17	510	2	470	1	1 360	1	800	4	960
合计人民币（大写）肆仟壹佰捌拾元整																¥4 180.00	
出差事由　参加上海产品销售会议								预借 5 000			核销 4 180				应退（补）820		

公司领导　燕鸽　　　会计主管　　　　审核　　　　　报销人　李明

证 $51\frac{2}{2}$

收　据

NO.00005684

20　　年1月8日

今收到　李　明

人民币

（大写）捌佰贰拾元整　　　　¥820.00

系　收　退出差借款余额

收款单位（盖章）公司财务科　　　出纳　　　　经手人　李明

二　会计记账

52. 元月 8 日，供电车间领用材料一批。

证 52

东方公司领料单

领用单位 供电车间　　　20　　年 1 月 8 日　　　编号 1－006

材料名称	规格型号	单位	数量		计划成本		备注
			请领	实发	单价	合计	
柴油		千克	8 000	8 000	4.30	34 400	发电用料
汽油		千克	180	180	4.40	792	清理设备用料
丁材料		千克	50	50	70	3 500	一般用料
合计						38 692	

仓库主管 李明玉　　记账　　　发料 邹华　　领料 周明

二 会计记账

53. 元月 8 日，向汾河公司售出商品，并向开户行办妥托收承付凭证手续。

证 $53\frac{1}{4}$

第 1-01 号

托收承付凭证（回单）　1

托收号码

委托日期 20　　年 1 月 8 日

付款人	全称	太原汾河公司	收款人	全称	郑州东方公司	
	账号或地址	工行太原市晋源分理处		账号	684952	
	开户银行	65×8172		开户银行	工行郑州市中原分理处	行号 82

托收金额	人民币（大写）	千	百	十	万	千	百	十	元	角	分
	叁拾肆万捌仟玖佰贰拾元整		¥	3	4	8	9	2	0	0	0

附件		商品发运情况	合同名称号码
附寄单证张数或册数	3	已发运	太汾购字 032 号

备注：	款项收妥日期 年　月　日	收款人开户银行盖章　月　日

单位主管　　　会计　　　复核　　　记账

此联是收款人开户银行给收款人的回单

证 $53\frac{2}{4}$

河南省增值税专用发票

NO.00315214

开票日期　20　年 1 月 8 日

购货单位	名　称	太原汾河公司	纳税人登记号	140110369912216
	地址电话	太原市和平北路 78 号 85783566	开户银行及账号	工行太原市晋源分理处 65×8172

货物或应税劳务名称	计量单位	数量	单价	金额								税率(%)	税额							
				十	万	千	百	十	元	角	分		十	万	千	百	十	元	角	分
甲产品	只	400	350	1	4	0	0	0	0	0	0	17		2	3	8	0	0	0	0
乙产品	只	600	160		9	6	0	0	0	0	0	17		1	6	3	2	0	0	0
丙产品	只	400	150		6	0	0	0	0	0	0	17		1	0	2	0	0	0	0
合　计				2	9	6	0	0	0	0	0		¥	5	0	3	2	0	0	0

价税合计（大写）	※佰叁拾肆万陆仟叁佰贰拾零元零角零分			¥346 320.00
销货单位	名　称	郑州东方公司	纳税人登记号	410102354333621
	地址电话	郑州市颍河路 256 号 66358216	开户银行及账号	工行郑州市中原分理处 684952
备注				

收款人　　　　开票单位（未盖章无效）郑州东方公司

第四联 记账联 销货方记账凭证

证 $53\frac{3}{4}$

产成品销售出库单

NO. 1－003

购货单位　太原汾河公司　20　年1月8日

产品名称	规格型号	计量单位	出库数量		备注
			应出库	实出库	
甲产品		只	400	400	
乙产品		只	600	600	
丙产品		只	400	400	

仓库主管　吕美　　发货　周庆　　提货　　　　制单　肖笑

二　会计记账

证 $53\frac{4}{4}$

中国工商银行转账支票存根

支票号码 00655870

科 目

对方科目

出票日期20 年 1 月 8 日

收 款人：郑州铁路局
金 额：2 600元
用 途：代汾河公司垫付运费

单位主管 会计

54. 元月 8 日，销售科领用材料一批。

证 54

东方公司领料单

领用单位 销售科 20 年 1 月 8 日 编号 1－007

材料名称	规格型号	单位	数量		计划成本		备注
			请领	实发	单价	合计	
柴 油		千克	1 000	1 000	4.30	4 300	运货车辆用
汽 油		千克	50	50	4.40	220	
合 计						4 520	

二 会计记账

仓库主管 李明玉 记账 发料 邹华 领料 汪洋

55. 元月 8 日，以现金支付业务员常亮出差借款。

证 55

借 款 单

单位 供应科　　　　20　　年 1 月 8 日

今借到 财务科

人民币

（大写） 叁仟元整　　　　¥3 000 .00

借款理由 参加福州材料订购会议

二 会计记账

公司领导 燕鸽　　单位主管 荣跃　　借款人 常亮

56. 元月 9 日，开出转账支票支付医务室购药品款。

证 $56\frac{1}{3}$

中国工商银行转账支票存根

支票号码 00655871

科　　目

对方科目

出票日期20　　年 1 月 9 日

收款人：郑州医药公司
金　额：7 020 元
用　途：购药品

单位主管　　　　会计

证 $56\frac{2}{3}$

河南省增值税专用发票　NO. 00328166

发票联

开票日期　20　年 1 月 9 日

购货单位			
名　称	郑州东方公司	纳税人登记号	410102354333621
地址电话	郑州市颍河路 256 号 66358216	开户银行及账号	工行郑州市中原分理处 684952

货物或应税劳务名称	计量单位	数量	单价	金额						税率（%）	税额					
				千	百	十	元	角	分		千	百	十	元	角	分
针剂类				2	2	0	0	0	0	17		3	7	4	0	0
药剂类				3	5	0	0	0	0	17		5	9	5	0	0
器械类					3	0	0	0	0	17			5	1	0	0
合　计				6	0	0	0	0	0		1	0	2	0	0	0
价税合计（大写）	※万柒仟零佰贰拾零元零角零分											¥7020.00				

销货单位			
名　称	郑州医药公司	纳税人登记号	410103635123208
地址电话	郑州市二七路 18 号 66643125	开户银行及账号	工行郑州市二七分理处 036×681
备注			

收款人　　　　开票单位（未盖章无效）郑州医药公司

第二联　发票联　购货方记账凭证

证 $56\frac{3}{3}$

河南省增值税专用发票　NO. 00328166

抵扣联

开票日期　20　年 1 月 9 日

购货单位			
名　称	郑州东方公司	纳税人登记号	410102354333621
地址电话	郑州市颍河路 256 号 66358216	开户银行及账号	工行郑州市中原分理处 684952

货物或应税劳务名称	计量单位	数量	单价	金额						税率（%）	税额					
				千	百	十	元	角	分		千	百	十	元	角	分
针剂类				2	2	0	0	0	0	17		3	7	4	0	0
药剂类				3	5	0	0	0	0	17		5	9	5	0	0
器械类					3	0	0	0	0	17			5	1	0	0
合　计				6	0	0	0	0	0		1	0	2	0	0	0
价税合计（大写）	※万柒仟零佰贰拾零元零角零分											¥7020.00				

销货单位			
名　称	郑州医药公司	纳税人登记号	410103635123208
地址电话	郑州市二七路 18 号 66643125	开户银行及账号	工行郑州市二七分理处 036×681
备注			

收款人　　　　开票单位（未盖章无效）郑州医药公司

第三联　抵扣联　购货方作抵扣税款凭证

57. 元月 9 日，收到辽西股份公司上年度股利。

证 $57\frac{1}{2}$

中国工商银行信汇凭证（收账通知或取款收据）4

第　　　号
应解汇款编号

委托日期　20　　年 1 月 6 日

汇款人	全称	辽宁省辽西股份公司			收款人	全称	郑州东方公司		
	账号或住址	08-83416				账号或住址	684952		
	汇出地点	辽宁省沈阳市县	汇出行名称	工行沈阳市沈河分理处		汇入地点	河南省郑州市县	汇入行名称	工行郑州市中原分理处

金额	千	百	十	万	千	百	十	元	角	分
人民币（大写）贰仟壹佰元整				¥	2	1	0	0	0	0

汇款用途：分配股利

留行待取预留收款人印鉴

款项已收入收款人账户	款项已照收无误	科目（借） 对方科目（贷） 汇入行解汇日期　年　月　日
汇入行盖章 20　　年1月9日	收款人签章 20　　年1月9日	复核　　出纳 记账

此联给收款人的收账通知或取款收据

证 $57\frac{2}{2}$

收　　据

NO.00005685

20　　年1月9日

今收到　辽西股份公司

人民币

（大写）贰仟壹佰元整　　¥ 2100.00

系　收　上年度股票利息

收款单位（盖章）郑州东方公司财务科　　出纳　　经手人

二 会计记账

58. 元月 9 日，收到天中公司预交职工培训费。

证 $58\frac{1}{2}$

中国工商银行信汇凭证（收账通知或取款收据）4

第　　　号

应解汇款编号

委托日期　20　　年 1 月 7 日

汇款人	全称	驻马店天中公司		收款人	全称	郑州东方公司	
	账号或住址	587266			账号或住址	684952	
	汇出地点	河南省驻马店市县	汇出行名称：工行驻马店市汝河分理处		汇入地点	河南省郑州市县	汇入行名称：工行郑州市中原分理处

金额	人民币（大写）	千	百	十	万	千	百	十	元	角	分
	壹万陆仟元整			¥	1	6	0	0	0	0	0

汇款用途：职工培训费		留行待取预留收款人印鉴
款项已收入收款人账户 汇入行盖章 20　　年1月9日	款项已照收无误 收款人签章 20　　年1月9日	科目（借） 对方科目（贷） 汇入行解汇日期　　年　月　日 复核　　出纳 记账

此联给收款人的收账通知或取款收据

证 $58\frac{2}{2}$

培　训　协　议　书

经协商，驻马店天中公司委托郑州东方公司在 20　　年元月 10 日至 30 日对公司 5 名职工进行专业技术培训，培训标准达到中级工熟练操作水平，培训费 16 000 元于元月 10 日前一次付清。

委托方：（签章）驻马店天中公司

受托方：（签章）郑州东方公司

20　　年元月 3 日

59. 元月 9 日，开出转账支票支付厂办业务招待费。

证 $59\frac{1}{2}$

中国工商银行转账支票存根

支票号码　00655872

科　　目

对方科目

出票日期20　　年 1 月 9 日

收款人：	黄河大酒店
金　额：	1702.20 元
用　途：	厂办业务招待费

单位主管　　　　会计

证 $59\frac{2}{2}$

郑州市服务业专用发票　NO.02165711

发票联

客户名称　郑州东方公司　　　　20　　年 1 月 9 日

项　目	单位	数量	单价	金额							
				十	万	千	白	十	元	角	分
餐　费	次	1				1	7	0	2	2	0
人民币(大写)ⓧ拾ⓧ万壹仟柒佰零拾贰元贰角零分					¥	1	7	0	2	2	0

二 报销凭证

单位（盖章）黄河大酒店　　　开票人　　　　收款人

60. 元月 10 日，开出转账支票支付元月份律师顾问费。

证 $60\frac{1}{2}$

中国工商银行转账支票存根

支票号码 00655873

科 目

对方科目

出票日期20 年 1 月 10 日

收款人：	郑州市二七律师事务所
金 额：	2 500元
用 途：	元月份律师顾问费

单位主管 会计

证 $60\frac{2}{2}$

郑州市律师事务所专用发票 NO.02166453

发票联

客户名称 郑州东方公司 20 年 1月 10日

项 目	单 位	数 量	单 价	金额 十	万	千	百	十	元	角	分
元月份顾问费						2	5	0	0	0	0
人民币（大写）ⓧ拾ⓧ万贰仟伍佰零拾零元零角零分					¥	2	5	0	0	0	0

二 报销凭证

单位（盖章） 郑州市二七律师事务所 开票人 收款人

61. 元月 10 日，支付郑州工业设计院图纸设计费。

证 $61\frac{1}{2}$

中国工商银行转账支票存根

支票号码 00655874

科　　目

对方科目

出票日期20　　年 1 月 10 日

收款人：郑州市工业设计院
金　额：3 800元
用　途：图纸设计费

单位主管　　　　会计

证 $61\frac{2}{2}$

郑州市工业设计院发票　NO.02169535

发票联

客户名称　郑州东方公司　　　　20　　年 1 月 10 日

项　　　目	单　位	数　量	单　价	金额 十	万	千	百	十	元	角	分
三车间图纸设计费	套	1				3	8	0	0	0	0
人民币(大写)Ⓧ拾Ⓧ万叁仟捌佰零拾零元零角零分					¥	3	8	0	0	0	0

二 报销凭证

单位（盖章）郑州市工业设计院　　　开票人　　　　收款人

62. 元月 10 日，开出现金支票提取现金备用。

证 62

中国工商银行现金支票存根

支票号码　00268124

科　　目

对方科目

出票日期20　　年 1 月 10 日

收款人：	本公司
金　额：	4 000元
用　途：	备用

单位主管　　　　　会计

63. 元月 10 日，生产科路宽出差借款，以现金支付。

证 63

借　款　单

单位　生产科　　　　　　　　20　　年 1 月 10 日

今借到　财务科

人民币
(大写) 叁仟元整　　　　　　　　¥3 000.00

借款理由　北京学习

公司领导　燕鸽　　　　单位主管　郝运　　　　借款人　路宽

二 会计记账

64. 元月 10 日，一车间、二车间完工产成品入库。

证 $64\frac{1}{2}$

产 成 品 入 库 单

交货单位　一车间　　　　20　年1月10日　　　　编号 1-003

产品名称	规格型号	计量单位	交送数量	检验结果		实收数量
				合格	不合格	
甲产品		只	550	550		550
乙产品		只	1 000	1 000		1 000

仓库保管员　风虹　　　　质检员　严立　　　　车间经办人　丰环

证 $64\frac{2}{2}$

产 成 品 入 库 单

交货单位　二车间　　　　20　年1月10日　　　　编号 1-004

产品名称	规格型号	计量单位	交送数量	检验结果		实收数量
				合格	不合格	
丙产品		只	1 100	1 100		1 100

仓库保管员　风虹　　　　质检员　严立　　　　车间经办人　向阳

65. 元月 10 日，根据 1—10 日记账凭证编制科目汇总表。

证 $65\frac{1}{2}$

科 目 汇 总 表

编 号

单位　　　　　　　　　年　　月　　日至　　月　　日

会计科目	总页	借方金额										贷方金额										备注
		千	百	十	万	千	百	十	元	角	分	千	百	十	万	千	百	十	元	角	分	

会计主管　　　　　　记账　　　　　　审核　　　　　　制表

证 $65\frac{2}{2}$

科 目 汇 总 表

编号

单位　　　　　　　　　　　　年　　月　　日至　　月　　日

会计科目	总页	借方金额										贷方金额										备注
		千	百	十	万	千	百	十	元	角	分	千	百	十	万	千	百	十	元	角	分	

会计主管　　　　　　　　记账　　　　　　　　审核　　　　　　　　制表

66. 元月 11 日，收到淮河公司托收承付款。

证 66

第 12—09 号

托收号码

托收承付凭证（收账通知） 4

承付期限
到期 20　年 1 月 8 日

委托日期　20　　年 12 月 28 日

付款人	全称	合肥淮河公司	收款人	全称	郑州东方公司	
	账号或地址	76516813		账号	684952	
	开户银行	工行合肥市东市分理处		开户银行	工行郑州市中原分理处	行号 82

托收金额	人民币（大写） 伍拾万元整	千	百	十	万	千	百	十	元	角	分
			¥	5	0	0	0	0	0	0	0

附件		商品发运情况	合同名称号码
附寄单证张数或册数	4	已发运	郑东销字 068号

备注：	本托收款项已由付款人开户行全额划回并收入你账户内。 收款人开户银行盖章　月　日	科目__________ 对方科目________ 转账　　年　月　日 单位主管　　会计 复核　　记账

付款人开户行收到日期　　年　月　日　　支付日期　　年　月　日

此联是收款人开户银行在款项收妥后给收款人的收账通知

67. 元月 11 日，向长江公司出售商品，收到已承兑的银行承兑汇票，货物已提走。

证 $67\frac{1}{3}$

银行承兑汇票 2

出票日期

（大 写）贰零　　仟零壹月零壹拾日

汇票号码

第　　号

出票人全称	南京长江公司		收款人	全称	郑州东方公司		
出票人账号	36948236			账号	684952		
付款行全称	工行南京市栖霞分理处	行号 7612		开户银行	工行郑州市中原分理处	行号	82

汇票金额	人民币（大写） 贰拾伍万柒仟肆佰元整	千	百	十	万	千	百	十	元	角	分
			¥	2	5	7	4	0	0	0	0

汇票到期日	20　年 3 月 10 日	本汇票已经承兑，到期日由本行付款。 承兑行签章 承兑日期 20　年 1 月 10 日	承兑协议编号	18 - 0121
本汇票请你行承兑，到期无条件付款。 出票人签章 20　年 1 月 10 日		备注：	科目（借）______ 对方科目（贷）______ 转账　年　月　日 复核　　记账	

此联收款人开户行随委托收款凭证寄付款行作借方凭证附件

证 $67\frac{2}{3}$

河南省增值税专用发票 NO.00315215

开票日期 20 年 1 月 11 日

购货单位	名称	南京长江公司	纳税人登记号	320113369912108
	地址电话	南京市应天路 36 号 85826339	开户银行及账号	工行南京市栖霞分理处 36948236

货物或应税劳务名称	计量单位	数量	单价	金额								税率（%）	税额							
				十	万	千	百	十	元	角	分		十	万	千	百	十	元	角	分
甲产品	只	400	350	1	4	0	0	0	0	0	0	17		2	3	8	0	0	0	0
乙产品	只	500	160		8	0	0	0	0	0	0	17		1	3	6	0	0	0	0
合计				2	2	0	0	0	0	0	0		¥	3	7	4	0	0	0	0

价税合计（大写）	※佰贰拾伍万柒仟肆佰零拾零元零角零分 ¥257 400.00			
销货单位	名称	郑州东方公司	纳税人登记号	410102354333621
	地址电话	郑州市颍河路 256 号 66358216	开户银行及账号	工行郑州市中原分理处 684952
备注				

收款人 开票单位（未盖章无效）郑州东方公司

第四联 记账联 销货方记账凭证

证 $67\frac{3}{3}$

产成品销售出库单 NO.1－004

购货单位 南京长江公司 20 年1月11日

产品名称	规格型号	计量单位	出库数量		备注
			应出库	实出库	
甲产品		只	400	400	自提
乙产品		只	500	500	

仓库主管吕美 发货周庆 提货 制单 肖笑

二 会计记账

68. 元月 12 日，收取海河公司的银行承兑汇票本月 15 日到期，委托开户银行向承兑人收取票据款，已办妥有关手续（不填制记账凭证）。

证 68

第 01 号

委托收款 凭证（回单） 1

委邮

委托号码

委托日期 20 年1月12日

付款人			收款人				
付款人	全称	天津海河公司	收款人	全称	郑州东方公司		
	账号或地址	624386－2		账号	684952		
	开户银行	工行天津市南开分理处		开户银行	工行郑州市中原分理处	行号	82

委收金额	人民币（大写）	千	百	十	万	千	百	十	元	角	分
	捌万元整			¥	8	0	0	0	0	0	0

款项内容	售商品款	委托收款凭据名称	银行承兑汇票	附寄单证张数	1
备注：		款项收妥日期 年 月 日		收款人开户银行盖章 月 日	

单位主管　　会计　　复核　　记账

此联是收款人开户银行给收款人的回单

69. 元月 12 日，承付泉城公司托收承付款。

证 $69\frac{1}{7}$

第　号

托收号码

托收承付 凭证（承付 支款 通知） 5

邮

承付期限
到期 20 年1月12日

委托日期 20 年1月3日

付款人			收款人				
付款人	全称	郑州东方公司	收款人	全称	济南泉城公司		
	账号或地址	684952		账号	916249		
	开户银行	工行郑州市中原分理处		开户银行	工行济南市天桥分理处	行号	632

托收金额	人民币（大写）	千	百	十	万	千	百	十	元	角	分
	壹拾陆万玖仟肆佰柒拾柒元捌角叁分		¥	1	6	9	4	7	7	8	3

附件		商品发运情况	合同名称号码
附寄单证张数或册数	4	货已发运	福榕销字 036 号

备注	付款人注意
	1. 根据结算办法规定，上列托收款项，在承付期限内未拒付时，即视同全部承付。如系全额支付即以此联代支款通知；如遇延付或部分支付时，再由银行另送延付或部分支付的支款通知。 2. 如需提前承付或多承付时，应另写书面通知送银行办理。 3. 如系全部或部分拒付，应在承付期限内另填拒绝承付理由书送银行办理。

单位主管　　会计　　复核　　记账　　付款人开户银行盖章　月　日

此联是付款人开户银行通知付款人按期承付货款的承付（支款）通知

证 $69\frac{2}{7}$

福建省增值税专用发票

NO. 05172419

发票联

开票日期　20　　年 1 月 3 日

购货单位	名　称	郑州东方公司	纳税人登记号	410102354333621
	地址电话	郑州市颍河路 256 号 66358216	开户银行及账号	工行郑州市中原分理处 684952

货物或应税劳务名称	计量单位	数量	单价	金额								税率（%）	税额							
				十	万	千	百	十	元	角	分		十	万	千	百	十	元	角	分
甲材料	千克	2 000	49		9	8	0	0	0	0	0	17		1	6	6	6	0	0	0
乙材料	千克	1 000	45		4	5	0	0	0	0	0	17			7	6	5	0	0	0
合　计				1	4	3	0	0	0	0	0		¥	2	4	3	1	0	0	0
价税合计（大写）	※佰壹拾陆万柒仟叁佰壹拾零元零角零分												¥167 310.00							

销货单位	名　称	济南泉城公司	纳税人登记号	370105324012136
	地址电话	济南市北园街 92 号 86925156	开户银行及账号	工行济南市天桥分理处 916249
备注				

收款人　　　　开票单位（未盖章无效）济南泉城公司

第二联 发票联 购货方记账凭证

证 $69\frac{3}{7}$

福建省增值税专用发票

NO. 05172419

抵扣联

开票日期　20　　年 1 月 3 日

购货单位	名　称	郑州东方公司	纳税人登记号	410102354333621
	地址电话	郑州市颍河路 256 号 66358216	开户银行及账号	工行郑州市中原分理处 684952

货物或应税劳务名称	计量单位	数量	单价	金额								税率（%）	税额							
				十	万	千	百	十	元	角	分		十	万	千	百	十	元	角	分
甲材料	千克	2 000	49		9	8	0	0	0	0	0	17		1	6	6	6	0	0	0
乙材料	千克	1 000	45		4	5	0	0	0	0	0	17			7	6	5	0	0	0
合　计				1	4	3	0	0	0	0	0		¥	2	4	3	1	0	0	0
价税合计（大写）	※佰壹拾陆万柒仟叁佰壹拾零元零角零分												¥167 310.00							

销货单位	名　称	济南泉城公司	纳税人登记号	370105324012136
	地址电话	济南市北园街 92 号 86925156	开户银行及账号	工行济南市天桥分理处 916249
备注				

收款人　　　　开票单位（未盖章无效）济南泉城公司

第三联 抵扣联 购货方作抵扣税款凭证

证 $69\frac{4}{7}$

货物运输业增值税专用发票

NO：00006176

发票联

开票日期　　年 1 月 3 日

承运人及纳税人识别号	济南速达汽运公司 370104522072108	密码区	
实际受票方及纳税人识别号	郑州东方公司 410102354333621		
收货人及纳税人识别号	郑州东方公司 410102354333621	发货人及纳税人识别号	济南泉城公司 370105324012136
起运地、经由、到达地	济南经徐州、商丘到郑州		
费用项目及金额	费用项目　金 额 运输费　1 953.00	运输货物信息	甲材料 2 000 公斤 乙材料 1 000 公斤
合计金额	1 953.00	税率	11%
税额	214.83	机器编号	515200000681
价税合计（大写）	ⓧ贰仟壹佰陆拾柒元捌角叁分	（小写）	¥2 167.83
车种车号	鲁 A18616	车船吨位	
主管税务机关及代码	济南市国家税务局槐荫分局 137010400	备注	

收款人：　　复核人：　　开票人：　　承运人：（章）济南速达汽运公司

第二联　发票联　受票方记账凭证

证 $69\frac{5}{7}$

货物运输业增值税专用发票 NO：00006176

抵扣联

开票日期　　年1月3日

<table>
<tr><td>承运人及
纳税人识别号</td><td colspan="2">济南速达汽运公司
370104522072108</td><td rowspan="2">密
码
区</td><td colspan="4"></td></tr>
<tr><td>实际受票方及
纳税人识别号</td><td colspan="2">郑州东方公司
410102354333621</td><td colspan="4"></td></tr>
<tr><td>收货人及
纳税人识别号</td><td colspan="2">郑州东方公司
410102354333621</td><td colspan="2">发货人及
纳税人识别号</td><td colspan="3">济南泉城公司
370105324012136</td></tr>
<tr><td>起运地、经由、到达地</td><td colspan="7">济南经徐州、商丘到郑州</td></tr>
<tr><td>费用项目及金额</td><td colspan="3">费用项目　金额
运输费　1 953.00</td><td>运输货物信息</td><td colspan="3">甲材料 2 000公斤
乙材料 1 000公斤</td></tr>
<tr><td>合计金额</td><td>1 953.00</td><td>税率</td><td>11%</td><td>税额</td><td>214.83</td><td>机器编号</td><td>515200000681</td></tr>
<tr><td>价税合计（大写）</td><td colspan="7">⊗贰仟壹佰陆拾柒元捌角叁分　　（小写）¥2 167.83</td></tr>
<tr><td>车种车号</td><td>鲁 A18616</td><td>车船吨位</td><td></td><td rowspan="2">备注</td><td colspan="3" rowspan="2"></td></tr>
<tr><td>主管税务机关及代码</td><td colspan="3">济南市国家税务局槐荫分局
137010400</td></tr>
</table>

收款人：　　复核人：　　开票人：　　承运人：（章）济南速达汽运公司

第三联　抵扣联　受票方抵扣凭证

证 $69\frac{6}{7}$

材料采购运杂费分配表

20　　年 1 月 12 日　　单位　元

材料名称	分配标准（重量）	分配率	分配金额
甲材料 乙材料	2 000 1 000		1 302 651
合　计	3 000	0.651	1 953

会计主管　　审核　　制表

证 69$\frac{7}{7}$

材料采购成本计算表

20　　年 1 月 12 日　　　　单位　元

材料名称	规格型号	单位	数量	买价	运费	实际成本	单位成本
甲材料		千克	2 000	98 000	1 302	99 302	49.651
乙材料		千克	1 000	45 000	651	45 651	45.651

会计主管　　　　审核　　　　制表

70. 元月 12 日，从泉城公司购进的材料验收入库。

证 70

东方公司收料单

供应单位　济南泉城公司

发票号码　05172419　　　验收日期　20　　年 1 月 12 日　　　编号 1－008

材料名称	规格型号	单位	数量		实际成本				计划成本		材料成本差异	
			应收	实收	单价	买价	运费	合计	单价	合计	超支	节约
甲材料		千克	2 000	2 000	49	98 000	1302	99 302	50	100 000		698
乙材料		千克	1 000	1 000	45	45 000	651	45 651	46	46 000		349
合计						143 000	1 953	144 953		146 000		1 047

二会计记账

仓库主管　李明玉　　　记账　　　收料　李方　　　业务采购　常亮

71. 元月 13 日，培训科领用材料一批。

证 71

东方公司领料单

领用单位 培训科　　　　20　　年1月13日　　　　编号1－008

材料名称	规格型号	单位	数量		计划成本		备注
			请领	实发	单价	合计	
甲材料		千克	40	40	50	2 000	培训天中公司
戊材料		千克	50	50	20	1 000	工人用料
合计						3 000	

仓库主管 李明玉　　记账　　发料 邹华　　领料 郭文

72. 元月 13 日，出售辽西股份公司股票。

证 $72\frac{1}{3}$

中国工商银行进账单(收账通知)　1

20　　年1月13日　　　　第1－03号

出票人	全称	郑州证券营业部	收款人	全称	郑州东方公司
	账号	036x259		账号	684952
	开户银行	工行郑州市二七分理处		开户银行	工行郑州市中原分理处
人民币（大写）	壹万玖仟叁佰壹拾壹元贰角			千百十万千百十元角分	¥1931120
票据种类	转账支票				
票据张数	1				
单位主管　会计　复核　记账			收款人开户行盖章		

此联是收款人开户银行交给收款人的收账通知

证 $72\frac{2}{3}$

深圳证券中央登记清算公司

20　　年1月13日

成交过户交割凭单　　　　卖

股东编号	A627965(取)	成交证券	辽西股份
电脑编号	9452	成交数量	4 000（股）
公司编号	638	成交价格	4.85
申请编号	526	成交金额	19 400.00
申报时间	09.20.50	标准佣金	19.40
成交时间	09.21.30	过户费用	50.00
		印花税	19.40
上次结存	4 000（股）	应收金额	19311.20
本次成交	4 000（股）	实收金额	19311.20
本次结存	0（股）	资金余额	0

客户联

经办单位 郑州证券营业部　　　　客户签章 东方公司田苗广

证 $72\frac{3}{3}$

深圳特区证券公司

郑州营业部客户取款凭条　〔取款〕

流水号 2136　　　20　　年1月13日

户　名	郑州东方公司	资金账号	036x259	委托人签名	田苗广
取款金额	¥19 311.20	余额	¥0		
上海账号		深圳账号	0000229616		

操作员 608　　　　复核员 路遥

73. 元月 15 日，一车间领用低值易耗品一批。

证 73

东方公司领料单

领用单位　一车间　　　　20　　年 1 月 15 日　　　　编号 1-009

材料名称	规格型号	单位	数量		计划成本		备注
			请领	实发	单价	合计	
盒尺	2m	只	18	18	5	90	以旧换新
刃具		只	80	80	56	4 480	
游标卡尺	0~125mm	只	7	7	60	420	
合计						4 990	

二　会计记账

仓库主管　李明玉　　　记账　　　发料　邹华　　　领料　王维

74. 元月 15 日，一车间、二车间完工产成品验收入库。

证 $74\frac{1}{2}$

产成品入库单

交货单位　一车间　　　　20　　年 1 月 15 日　　　　编号 1-005

产品名称	规格型号	计量单位	交送数量	检验结果		实收数量
				合格	不合格	
甲产品		只	550	550		550
乙产品		只	1 100	1 100		1 100

二　会计记账

仓库保管员　凤虹　　　质检员　严立　　　车间经办人　丰环

证 $74\frac{2}{2}$

产成品入库单

交货单位 二车间 20 年1月15日 编号 1-006

产品名称	规格型号	计量单位	交送数量	检验结果		实收数量
				合格	不合格	
丙产品		只	1 100	1 100		1 100

二 会计记账

仓库保管员 凤虹 质检员 严立 车间经办人 向阳

75. 元月16日，支付春城公司到期银行承兑汇票款。

证 $75\frac{1}{2}$

第 号

委托号码

委托收款 凭证（付款通知） 5

委邮

委托日期 20 年1月12日 付款期限20 年1月16日

付款人	全称	郑州东方公司	收款人	全称	昆明春城公司	
	账号或地址	684952		账号	6391－32	
	开户银行	工行郑州市中原分理处		开户银行	工行昆明市石林分理处	行号 93

委收金额	人民币（大写）贰拾万元整	千	百	十	万	千	百	十	元	角	分
			¥	2	0	0	0	0	0	0	0

款项内容	销售商品款	委托收款凭据名称	银行承兑汇票	附寄单证张数	1

备注：	付款人注意： 1. 应于见票当日通知开户银行划款。 2. 如需拒付，应在规定期限内，将拒付理由书并附债务证明退交开户银行。

此联付款人开户银行给付款人按期付款的通知

单位主管 会计 复核 记账 付款人开户银行盖章 月 日

证 $75\frac{2}{2}$

银行承兑汇票

2

出票日期 汇票号码

（大写）贰零 年零壹拾月壹拾陆日 第081号

出票人全称	郑州东方公司			收款人	全称	昆明春城公司												
出票人账号	684952				账号	6391－2												
付款行全称	工行郑州市中原分理处	行号	82		开户银行	工行昆明市石林分理处	行号	93										
汇票金额	人民币（大写）贰拾万元整						千	百	十	万	千	百	十	元	角	分		
								¥	2	0	0	0	0	0	0	0		
汇票到期日	20 年1月16日		本汇票已经承兑，到期日由本行付款。 承兑行签章 承兑日期20 年10月16日			承兑协议编号	1－125											
本汇票请你行承兑，到期无条件付款。 出票人签章 20 年10月16日			备注			科目（借） 对方科目（贷） 转账 年 月 日 复核 记账												

此联收款人开户行随委托收款凭证寄付款行作借方凭证附件

76. 元月16日，收到梁园公司丙产品代销清单，开具增值税专用发票并寄出。

证 $76\frac{1}{2}$

代销商品销售清单

20 年1月15日 单位 元

代销商品名称	单位	代销数量	本次销售量	单位售价	销售额	备注：上次销售量	备注：累计销售量
丙产品	只	1 000	300	160	48 000		300

代销单位（盖章）商丘梁园公司 审核 制表

二 委托单位

证 76$\frac{2}{2}$

河南省增值税专用发票

NO. 00315216

开票日期　　20　　年 1 月 16 日

<table>
<tr><td rowspan="2">购货单位</td><td>名　称</td><td colspan="9">商丘梁园公司</td><td colspan="4">纳税人登记号</td><td colspan="7">411402637331105</td></tr>
<tr><td>地址电话</td><td colspan="9">商丘市五一路19号8715321</td><td colspan="4">开户银行及账号</td><td colspan="7">工行商丘市睢阳分理处364782</td></tr>
<tr><td colspan="2" rowspan="2">货物或应税劳务名称</td><td rowspan="2">计量单位</td><td rowspan="2">数量</td><td rowspan="2">单价</td><td colspan="8">金　额</td><td rowspan="2">税率(%)</td><td colspan="8">税　额</td></tr>
<tr><td>十</td><td>万</td><td>千</td><td>百</td><td>十</td><td>元</td><td>角</td><td>分</td><td>十</td><td>万</td><td>千</td><td>百</td><td>十</td><td>元</td><td>角</td><td>分</td></tr>
<tr><td colspan="2">丙产品</td><td>只</td><td>300</td><td>160</td><td></td><td>4</td><td>8</td><td>0</td><td>0</td><td>0</td><td>0</td><td>0</td><td>17</td><td></td><td></td><td>8</td><td>1</td><td>6</td><td>0</td><td>0</td><td>0</td></tr>
<tr><td colspan="2"></td><td></td><td></td><td></td><td></td><td></td><td></td><td></td><td></td><td></td><td></td><td></td><td></td><td></td><td></td><td></td><td></td><td></td><td></td><td></td><td></td></tr>
<tr><td colspan="2"></td><td></td><td></td><td></td><td></td><td></td><td></td><td></td><td></td><td></td><td></td><td></td><td></td><td></td><td></td><td></td><td></td><td></td><td></td><td></td><td></td></tr>
<tr><td colspan="2">合　计</td><td></td><td></td><td></td><td>¥</td><td>4</td><td>8</td><td>0</td><td>0</td><td>0</td><td>0</td><td>0</td><td></td><td></td><td>¥</td><td>8</td><td>1</td><td>6</td><td>0</td><td>0</td><td>0</td></tr>
<tr><td colspan="2">价税合计（大写）</td><td colspan="20">※佰※拾伍万陆仟壹佰陆拾零元零角零分　¥56 160.00</td></tr>
<tr><td rowspan="2">销货单位</td><td>名　称</td><td colspan="9">郑州东方公司</td><td colspan="4">纳税人登记号</td><td colspan="7">410102354333621</td></tr>
<tr><td>地址电话</td><td colspan="9">郑州市颍河路256号66358216</td><td colspan="4">开户银行及账号</td><td colspan="7">工行郑州市中原分理处684952</td></tr>
<tr><td>备注</td><td colspan="21"></td></tr>
</table>

收款人　　　　开票单位（未盖章无效）郑州东方公司

第四联　记账联　销货方记账凭证

77. 元月 16 日，计算应付梁园公司代销丙产品手续费。

证 77

委托代销商品手续费计算表

20　　年 1 月 16 日　　　　单位　元

委托代销单位	代销商品名称	单位	本次销售量	单位售价	销售额	计提比例	应计提手续费
商丘梁园公司	丙产品	只	300	160	48 000	10%	4 800

会计主管　　　　审核　　　　制表

78. 元月 16 日，结转已售委托代销商品成本。

证 78

委托代销商品成本结转计算表

20　　年 1 月 16 日　　　　单位　元

委托代销单位	代销商品名称	本次销售额	委托代销商品销售成本率	应结转代销商品成本
商丘梁园公司	丙产品	48 000	70%	33 600

会计主管　　　　审核　　　　制表

79. 元月 17 日，收到梁园公司代销商品第一次汇款。

证 79

中国工商银行信汇凭证（收账通知或取款收据）4

第　　号

应解汇款编号

委托日期　20　　年 1 月 15 日

汇款人	全称	商丘梁园公司		收款人	全称	郑州东方公司		
	账号或住址	364782			账号或住址	684952		
	汇出地点	河南省商丘市　县	汇出行名称：工行商丘市睢阳分理处		汇入地点	河南省郑州市　县	汇入行名称：工行郑州市中原分理处	
金额	人民币（大写）	伍万壹仟叁佰陆拾元整						

千	百	十	万	千	百	十	元	角	分
		¥	5	1	3	6	0	0	0

汇款用途：代销商品款

留行待取预留收款人印鉴

此联给收款人的收账通知或取款收据

款项已收入收款人账户	款项已照收无误	科目（借）______
		对方科目（贷）______
		汇入行解汇日期　年　月　日
汇入行盖章	收款人签章	复核　　出纳
20　　年1月17日	20　　年1月17日	记账

80. 元月 17 日，收到海河公司到期银行承兑汇票款。

证 80

委托收款 凭证（收账通知） 4

第 01 号
委收号码

委托日期 20 年 1 月 12 日 付款期限 20 年 1 月 15 日

付款人	全称	天津海河公司	收款人	全称	郑州东方公司									
	账号或地址	624386－2		账号	684952									
	开户银行	工行天津市南开分理处		开户银行	工行郑州市中原分理处	行号	82							
委收金额	人民币（大写）捌万元整				千	百	十	万	千	百	十	元	角	分
							¥	8	0	0	0	0	0	0
款项内容	销售商品款	委托收款凭据名称	银行承兑汇票	附寄单证张数	1									
备注：			委收款项： 1.已全部划回收入你方账户。 2.全部未收到。 收款人开户行盖章 年 月 日											

此联收款人开户银行在款项收妥后给收款人的收账通知

单位主管 会计 复核 记账 付款人开户银行 收到日期 年 月 日

支付日期 年 月 日

81. 元月 18 日，向淮河公司销售产品，已委托银行办好托收承付凭证手续。

证 $81\frac{1}{4}$

托收承付 凭证（回单） 1

第 1—02 号
托收号码

委托日期 20 年 1 月 18 日

付款人	全称	合肥淮河公司	收款人	全称	郑州东方公司									
	账号或地址	76516813		账号	684952									
	开户银行	工行合肥市东市分理处		开户银行	工行郑州市中原分理处	行号	82							
托收金额	人民币（大写）肆拾肆万陆仟捌佰元整				千	百	十	万	千	百	十	元	角	分
						¥	4	4	6	8	0	0	0	0
附件		商品发运情况	合同名称号码											
附寄单证张数或册数	3	已发运	郑东销字 011 号											
备注：		款项收妥日期 年 月 日	收款人开户银行盖章 月 日											

此联是收款人开户银行给收款人的回单

单位主管 会计 复核 记账

证 $81\frac{2}{4}$

河南省增值税专用发票 NO. 00315217

开票日期 20 年 1 月 18 日

购货单位	名称	合肥淮河公司									纳税人登记号	340102637331109							
	地址电话	合肥市长江路 87 号 8816515									开户银行及账号	工行合肥市东市分理处 7651683							
货物或应税劳务名称	计量单位	数量	单价	金额								税率（%）	税额							
				十	万	千	百	十	元	角	分		十	万	千	百	十	元	角	分
甲产品	只	400	350	1	4	0	0	0	0	0	0	17		2	3	8	0	0	0	0
乙产品	只	1 500	160	2	4	0	0	0	0	0	0	17		4	0	8	0	0	0	0
合计				3	8	0	0	0	0	0	0		¥	6	4	6	0	0	0	0
价税合计（大写）	※佰肆拾肆万肆仟陆佰零拾零元零角零分 ¥444 600.00																			
销货单位	名称	郑州东方公司									纳税人登记号	410102354333621							
	地址电话	郑州市颍河路 256 号 66358216									开户银行及账号	工行郑州市中原分理处 684952							
备注																			

收款人 开票单位（未盖章无效）郑州东方公司

第四联 记账联 销货方记账凭证

证 $81\frac{3}{4}$

产成品销售出库单 NO. 1 - 005

购货单位 合肥淮河公司 20 年1月18日

产品名称	规格型号	计量单位	出库数量		备注
			应出库	实出库	
甲产品		只	400	400	
乙产品		只	1 500	1 500	

仓库主管 吕美 发货 周庆 提货 制单 肖笑

二 会计记账

证 81$\frac{4}{4}$

中国工商银行转账支票存根

支票号码 00655875

科　　目

对方科目

出票日期 20　　年1月18日

收款人：郑州铁路局
金　额：2 200元
用　途：代淮河公司垫付运费

单位主管　　　　会计

82. 元月18日，二车间领用低值易耗品一批。

证 82

东方公司领料单

领用单位　二车间　　　　20　　年1月18日　　　　编号 1－010

材料名称	规格型号	单位	数量		计划成本		备注
			请领	实发	单价	合计	
刃具		只	30	30	56	1 680	以旧换新
游标卡尺	0~125mm	只	5	5	60	300	
盒尺	2m	只	4	4	5	20	
合计						2 000	

二 会计记账

仓库主管　李明玉　　　　记账　　　　发料　邹华　　　　领料　贺强

83. 元月 18 日，收到上海机床公司退回银行汇票多余款项。

证 83

付款期限 壹个月

中国工商银行
4 汇票号码

银行汇票（多余款收账通知）

第 01 号

出票日期（大写）贰零　年零壹月零壹日　代理付款行　工行上海市虹口分理处　行号 686

收款人 上海机床设备公司		账号 052×496									
出票金额 人民币（大写）壹佰捌拾伍万元整											
实际结算金额	人民币（大写）壹佰捌拾贰万捌仟陆佰柒拾陆元伍角贰分	千	百	十	万	千	百	十	元	角	分
		¥	1	8	2	8	6	7	6	5	2

此联出票行结清多余款后交申请人

申请人 郑州东方公司　　账号 684952

出票行 郑州工行 行号 82

用　途 购设备

出票行盖章

20　年 1 月 1 日

多余金额									
千	百	十	万	千	百	十	元	角	分
		¥	2	1	3	2	3	4	8

左列退回多余金额已收入你账户内

财务主管　复核　经办

84. 元月 19 日，修理车间领用低值易耗品一批。

证 84

东方公司领料单

领用单位 修理车间　　20　年 1 月 19 日　　编号 1-011

材料名称	规格型号	单位	数量		计划成本		备注
			请领	实发	单价	合计	
刃具		只	50	50	56	2 800	以旧换新
游标卡尺	0~125mm	只	2	2	60	120	
盒尺	2m	只	10	10	5	50	
合计						2 970	

二 会计记账

仓库主管 李明玉　　记账　　发料 邹华　　领料 高原

85. 元月 19 日，收到黄河公司在购货折扣期内支付的货款。

证 85

中国工商银行信汇凭证（收账通知 或取款收据） 4

第　　号
应解汇款编号

委托日期　　20　年 1 月 17 日

汇款人	全称	兰州黄河公司			收款人	全称	郑州东方公司		
	账号或住址	18-3156				账号或住址	684952		
	汇出地点	甘肃省兰州市县	汇出行名称	工行兰州市西固分理处		汇入地点	河南省郑州市县	汇入行名称	工行郑州市中原分理处
金额	人民币（大写）肆拾壹万柒仟陆佰元整						千百十万千百十元角分	¥41760000	
汇款用途：购货款					留行待取预留收款人印鉴				
款项已收入收款人账户 汇入行盖章 20　年1月19日		款项已照收无误 收款人签章 20　年1月19日			科目（借） 对方科目（贷） 汇入行解汇日期　年　月　日 复核　出纳 记账				

此联给收款人的收账通知或取款收据

86. 元月 19 日，计算黄河公司在购货折扣期内付款应取得的现金折扣。

证 86

现金折扣计算表

20　年 1 月 19 日　　单位 元

购货单位	购货日期	付款日期	货款总额（不含税）	折扣率（%）	现金折扣额
兰州黄河公司	1月5日	1月19日	360 000	1	3 600

会计主管　　记账　　审核　　制表

87. 元月 19 日，向山城公司预付材料款。

证 87

中国工商银行信汇凭证（回单） 1

委托日期 20 年 1 月 19 日 第 01 号

<table>
<tr><td rowspan="3">汇款人</td><td>全称</td><td colspan="3">郑州东方公司</td><td rowspan="3">收款人</td><td>全称</td><td colspan="3">重庆山城公司</td></tr>
<tr><td>账号或住址</td><td colspan="3">684952</td><td>账号或住址</td><td colspan="3">16-4938</td></tr>
<tr><td>汇出地点</td><td>河南省郑州市县</td><td>汇出行名称</td><td>工行郑州市中原分理处</td><td>汇入地点</td><td>省重庆市县</td><td>汇入行名称</td><td>工行重庆市涪陵分理处</td></tr>
<tr><td>金额</td><td colspan="8">人民币（大写） 贰拾陆万元整</td><td>千 百 十 万 千 百 十 元 角 分
¥ 2 6 0 0 0 0 0 0</td></tr>
<tr><td colspan="5">汇款用途：购 材 料

单位主管 会计 复核 记账</td><td colspan="5">汇出行盖章
20 年 1 月 19 日</td></tr>
</table>

此联汇出行给汇款人的回单

88. 元月 20 日，供电车间领用低值易耗品。

证 88

东方公司领料单

领用单位 供电车间 20 年 1 月 20 日 编号 1－012

材料名称	规格型号	单位	数量 请领	数量 实发	计划成本 单价	计划成本 合计	备注
游标卡尺	0～125mm	只	1	1	60	60	以旧换新
盒尺	2m	只	1	1	5	5	
合计						65	

仓库主管 李明玉 记账 发料 邹华 领料 周明

二 会计记账

89. 元月 20 日，开出转账支票支付办公用品款。

证 $89\frac{1}{4}$

河南省增值税专用发票 NO.00329516

发票联

开票日期 20 年 1 月 20 日

购货单位			
名称	郑州东方公司	纳税人登记号	410102354333621
地址电话	郑州市颍河路 256 号 66358216	开户银行及账号	工行郑州市中原分理处 684952

货物或应税劳务名称	计量单位	数量	单价	金额						税率(%)	税额					
				千	百	十	元	角	分		千	百	十	元	角	分
计算器	只	5	60		3	0	0	0	0	17			5	1	0	0
圆珠笔	只	40	2			8	0	0	0	17			1	3	6	0
圆珠笔芯	只	200	0.10			2	0	0	0	17				3	4	0
合计				¥	4	0	0	0	0			¥	6	8	0	0

价税合计(大写)	※万※仟肆佰陆拾捌元零角零分	¥468.00

销货单位			
名称	郑州二七文化商场	纳税人登记号	410103634931302
地址电话	郑州市二七路 16 号 68514006	开户银行及账号	工行郑州市二七分理处 036×249
备注			

收款人　　　　开票单位（未盖章无效）　郑州市二七文化商场

第二联 发票联 购货方记账凭证

证 $89\frac{2}{4}$

河南省增值税专用发票 NO.00329516

抵扣联

开票日期 20 年 1 月 20 日

购货单位			
名称	郑州东方公司	纳税人登记号	410102354333621
地址电话	郑州市颍河路 256 号 66358216	开户银行及账号	工行郑州市中原分理处 684952

货物或应税劳务名称	计量单位	数量	单价	金额						税率(%)	税额					
				千	百	十	元	角	分		千	百	十	元	角	分
计算器	只	5	60		3	0	0	0	0	17			5	1	0	0
圆珠笔	只	40	2			8	0	0	0	17			1	3	6	0
圆珠笔芯	只	200	0.10			2	0	0	0	17				3	4	0
合计				¥	4	0	0	0	0			¥	6	8	0	0

价税合计(大写)	※万※仟肆佰陆拾捌元零角零分	¥468.00

销货单位			
名称	郑州二七文化商场	纳税人登记号	410103634931302
地址电话	郑州市二七路 16 号 68514006	开户银行及账号	工行郑州市二七分理处 036×249
备注			

收款人　　　　开票单位（未盖章无效）　郑州市二七文化商场

第三联 抵扣联 购货方作抵扣税款凭证

证 $89\frac{3}{4}$

中国工商银行转账支票存根

支票号码 00655876

科　　目

对方科目

出票日期20　　年 1 月 20 日

收款人：郑州市二七文化广场	
金　额：468元	
用　途：购办公用品	

单位主管　　　　　会计

证 $89\frac{4}{4}$

办公用品领用表

20　　年 1 月 20 日

科室名称	办公室	销售科	生产科	供应科	设备科	数量合计
计算器	1	1	1	1	1	5
圆珠笔	3	12	5	15	5	40
圆珠笔芯	15	60	25	75	25	200
经办人签名	王瑛	汪洋	贺飞	赵亮	鹿鸣	

公司领导 燕鸽　　　　　　制表 王瑛

90. 元月 20 日，从银行提取现金以备零星开支。

证 90

中国工商银行现金支票存根

支票号码 00268125

科　　目

对方科目

出票日期20　　年 1 月 20 日

收款人：本公司
金　额：2 000元
用　途：备用

单位主管　　　　　会计

91. 元月 20 日，以现金支付销售员李明出差借款。

证 91

借　　款　　单

单位　销售科　　　　　　20　　年 1 月 20 日

今借到　财务科

人民币（大写）肆仟元整　　　　¥4 000 .00

借款理由　回访产品用户

二 会计记账

公司领导　燕鸽　　　　单位主管　楚萧　　　　借款人　李明

92. 元月 20 日，技术科叶正青报销差旅费，以现金补付报销费用差额。

证 $92\frac{1}{2}$

差旅费报销单

姓名 叶正青　　职务 高级工程师　　20　年1月20日　　单位 元

起讫时间地点						在途补助		住勤补助		车船费		住宿费		会议费		其他	
月	日	起点	月	日	终点	天数	金额	天数	金额	张数	金额	张数	金额	张数	金额	张数	金额
1	4	郑州	1	4	天津	1	40	15	450	1	265	1	1 200	1	800	4	150
1	19	天津	1	19	郑州	1	40			1	265						
小计						2	80	15	450	2	530	1	1 200	1	800	4	150
合计人民币(大写)叁仟贰佰壹拾元整														¥3 210.00			
出差事由		参加天津高新技术会议							预借 3 000　核销 3 210　应退(补) 210								

公司领导 燕鸽　　会计主管　　审核　　报销人 叶正青

证 $92\frac{2}{2}$

借款单

单位 技术科　　20　　年 1 月 20 日

今借到 财务科

人民币

（大写） 贰佰壹拾元整　　¥ 210 .00

借款理由 应补差旅费差额

二 会计记账

公司领导 燕鸽　　单位主管 刘峰　　借款人 叶正青

93. 元月 20 日，以现金支付办公室刘燕出差借款。

证 93

借 款 单

单位 办公室　　20 年 1 月 20 日

今借到 财务科

人民币

（大写） 贰仟元整　　¥2 000.00

借款理由 北京开会

公司领导 燕鸽　　单位主管 翟宁　　借款人 刘燕

二 会计记账

94. 元月 20 日，公司办公室领用材料。

证 94

东方公司领料单

领用单位 办公室　　20 年 1 月 20 日　　编号 1－013

材料名称	规格型号	单位	数量		计划成本		备注
			请领	实发	单价	合计	
汽油		千克	500	500	4.40	2 200	公司轿车使用
柴油		千克	50	50	4.30	215	
合计						2 415	

仓库主管 李明玉　　记账　　发料 邹华　　领料 王瑛

二 会计记账

95. 元月20日，以现金支付财务科办公用品款。

证 95$\frac{1}{2}$

河南省增值税专用发票

NO.00329581

发票联

开票日期 20 年 1月 20日

购货单位				
	名称	郑州东方公司	纳税人登记号	410102354333621
	地址电话	郑州市颍河路256号66358216	开户银行及账号	工行郑州市中原分理处684952

货物或应税劳务名称	计量单位	数量	单价	金额						税率（%）	税额					
				千	百	十	元	角	分		千	百	十	元	角	分
记账凭证	本	70	1.20			8	4	0	0	17			1	4	2	8
科目汇总表	本	10	1.05			1	0	5	0	17				1	7	9
合计					¥	9	4	5	0			¥	1	6	0	7
价税合计（大写）	※万※仟壹佰壹拾零元伍角柒分										¥110.57					

销货单位				
	名称	郑州二七文化商场	纳税人登记号	410103634931302
	地址电话	郑州市二七路16号68514006	开户银行及账号	工行郑州市二七分理处036×249
备注				

收款人　　　开票单位（未盖章无效）　郑州市二七文化商场

第二联 发票联 购货方记账凭证

证 95$\frac{2}{2}$

河南省增值税专用发票

NO. 00329581

抵扣联

开票日期 20 年 1月 20日

购货单位				
	名称	郑州东方公司	纳税人登记号	410102354333621
	地址电话	郑州市颍河路256号66358216	开户银行及账号	工行郑州市中原分理处684952

货物或应税劳务名称	计量单位	数量	单价	金额						税率（%）	税额					
				千	百	十	元	角	分		千	百	十	元	角	分
记账凭证	本	70	1.20			8	4	0	0	17			1	4	2	8
科目汇总表	本	10	1.05			1	0	5	0	17				1	7	9
合计					¥	9	4	5	0			¥	1	6	0	7
价税合计（大写）	※万※仟壹佰壹拾零元伍角柒分										¥110.57					

销货单位				
	名称	郑州市二七文化商场	纳税人登记号	410103634931302
	地址电话	郑州市二七路16号68514006	开户银行及账号	工行郑州市二七分理处036×249
备注				

收款人　　　开票单位（未盖章无效）　郑州市二七文化商场

第三联 抵扣联 购货方作抵扣税款凭证

96. 元月 20 日，将出售设备转入清理。

证 96

固定资产清理单

20　年 1 月 20 日　　　编号 1-001

固定资产名称	规格型号	单位	数量	预计使用年限	已使用年限	原始价值	应提折旧
车床	C650	台	1	10	2	80 000	16 800
固定资产清理原因	因出售转入清理						
使用部门意见	长期未使用，同意出售。一车间 郭强	设备部门意见	同意出售 文森	公司领导意见	同意出售 燕鸽		

单位主管　　　审核　　　制表

97. 元月 20 日，支付出售设备清理费用。

证 $97\frac{1}{2}$

郑州市安装公司发票　NO.02081308

发票联

客户名称 郑州东方公司　　　20　年 1 月 20 日

项目	单位	数量	单价	金额 十	万	千	百	十	元	角	分
拆迁 C650 车床	台	1	1 100			1	1	0	0	0	0
合计人民币(大写)ⓧ拾ⓧ万壹仟壹佰零拾零元零角零分					¥	1	1	0	0	0	0

二 报销凭证

单位（盖章）郑州市安装公司　　开票人　　　收款人

证 $97\frac{2}{2}$

中国工商银行转账支票存根

支票号码 00655877

科　　目

对方科目

出票日期20　　年 1 月 20 日

收款人：郑州市安装公司	
金　额：1 100 元	
用　途：设备清理费	

单位主管　　　　会计

98. 元月 20 日，以现金支付银行空白凭证款。

证 98

银行空白凭证领购单（代缴费回单）

单位　郑州东方公司　　　　20　　年 1 月 20 日

凭证种类				单位	数量	单价	金额							
凭证名称	起止号码		每本页（份）数				十	万	千	百	十	元	角	分
	起号	止号												
转账支票			25	本	3	20					6	0	0	0
现金支票			25	本	1	20					2	0	0	0
合计										¥	8	0	0	0
人民币（大写）捌拾元整														

单位（盖章）工行郑州市中原分理处　　　　收款人　金鑫

99. 元月 20 日，将汾河公司退回的多发商品验收入库。

证 99

产成品销售退库单 NO.1－001

退货单位 太原汾河公司　　　　20　年 1 月 20 日

产品名称	规格型号	单位	退库数量	其中		退货原因
				合格品	返修品	
丙产品		只	100	100		超合同发货

仓库主管 吕美　　质检员 严立　　收货 风虹　　制单 肖笑

二 会计记账

100. 元月 20 日，收到汾河公司部分拒绝付款理由书，根据太原市国税局通知单对退回多发商品开具红字增值税专用发票。

证 $100\frac{1}{5}$

托收承付/委托收款 结算 全部/部分 拒绝付款理由书 （代通知或收账通知） 4

拒付日期 20　年 1 月 17 日　　原托收号码

付款人	全称	太原汾河公司			收款人	全称	郑州东方公司		
	账号或地址	65×8172				账号	684952		
	开户银行	工行太原市晋源分理处	行号	6811		开户银行	工行郑州市中原分理处	行号	82

托收金额	拒付金额	部分付款金额	千	百	十	万	千	百	十	元	角	分
348 920 元	17 916.30 元			¥	3	3	1	0	0	3	7	0

附寄单证	部分付款金额（大写）
3 张	叁拾叁万壹仟零叁元柒角

拒付理由：丙产品比合同多发 100 件，货款 15 000 元，增值税 2 550 元，退回商品代垫往返运费 366.30 元，拒付金额合计 17 916.30 元。

付款人盖章

收款人开户银行盖章

20　年 1 月 20 日

此联银行给收款人作收账通知或全部拒付通知书

证 $100\frac{2}{5}$

开具红字增值税专用发票通知单

填开日期：20　年 1 月 16 日　　　　　　　　　　NO. 00164968

<table>
<tr><td rowspan="2">销售方</td><td>名　称</td><td colspan="2">郑州东方公司</td><td rowspan="2">购买方</td><td>名　称</td><td colspan="2">太原汾河公司</td></tr>
<tr><td>税务登记代码</td><td colspan="2">410102354333621</td><td>税务登记代码</td><td colspan="2">140110369912216</td></tr>
<tr><td rowspan="2">开具红字专用发票内容</td><td>货物（劳务）名称</td><td>数 量</td><td>单价</td><td colspan="2">金 额</td><td>税率</td><td>税 额</td></tr>
<tr><td>丙产品</td><td>100</td><td>150</td><td colspan="2">15 000</td><td>17%</td><td>2 550</td></tr>
<tr><td>说明</td><td colspan="7">一、购买方申请
对应蓝字专用发票抵扣增值税销项税额情况：
1.需要作进项税额转出
2.不需要作进项税额转出
（1）无法认证
（2）纳税人识别号认证不符
（3）增值税专用发票代码、号码认证不符
（4）所购货物不属于增值税扣税项目范围
对应蓝字专用发票密码区内打印的代码：
号码：
二、销售方申请
（1）因开票有误购买方拒收的
（2）因开票有误等原因尚未交付的
对应蓝字专用发票密码区内打印的代码：
号码：
开具红字专用发票理由：
丙产品比供货合同多发 100 件，货款 15 000 元，增值税税额 2 550 元，价税合计 17 550 元，多发商品已全部退回。</td></tr>
</table>

经办人：计征　　负责人：张水　　主管税务机关名称（印章）：太原市国税局

注：1.本通知单一式三联：第一联，申请方主管税务机关留存；第二联，申请方送交对方留存；第三联，申请方留存。

2.通知单应与申请单一一对应。

证 $100\frac{3}{5}$

货物运输业增值税专用发票 NO：00006571

发票联

开票日期　　年 1 月 16 日

承运人及纳税人识别号	太原长达汽运公司 140110522072311	密码区	
实际受票方及纳税人识别号	郑州东方公司 410102354333621		
收货人及纳税人识别号	郑州东方公司 410102354333621	发货人及纳税人识别号	太原汾河公司 140110369912216
起运地、经由、到达地	太原经石家庄到郑州		
费用项目及金额	费用项目　金额 运输费　330.00	运输货物信息	丙产品 100 件

合计金额	330.00	税率	11%	税额	36.30	机器编号	727300001117

价税合计（大写）	⊗叁佰陆拾陆元叁角	（小写）¥366.30

车种车号	晋 A11592	车船吨位		备注
主管税务机关及代码	太原市国家税务局晋源分局 114011000			

收款人：　　复核人：　　开票人：　　承运人：（章）太原长达汽运公司

第二联 发票联 受票方记账凭证

证 $100\frac{4}{5}$

货物运输业增值税专用发票 NO：00006571

抵扣联

开票日期　　年 1 月 16 日

<table>
<tr><td>承运人及
纳税人识别号</td><td colspan="3">太原长达汽运公司
140110522072311</td><td rowspan="2">密
码
区</td><td colspan="3" rowspan="2"></td></tr>
<tr><td>实际受票方及
纳税人识别号</td><td colspan="3">郑州东方公司
410102354333621</td></tr>
<tr><td>收货人及
纳税人识别号</td><td colspan="3">郑州东方公司
410102354333621</td><td colspan="2">发货人及
纳税人识别号</td><td colspan="2">太原汾河公司
140110369912216</td></tr>
<tr><td>起运地、经由、到达地</td><td colspan="7">太原经石家庄到郑州</td></tr>
<tr><td>费用项目及金额</td><td colspan="3">费用项目　　金 额
运输费　　330.00</td><td>运输货物信息</td><td colspan="3">丙产品 100 件</td></tr>
<tr><td>合计金额</td><td>330.00</td><td>税率</td><td>11%</td><td>税额</td><td>36.30</td><td>机器编号</td><td>727300001117</td></tr>
<tr><td>价税合计（大写）</td><td colspan="7">⊗叁佰陆拾陆元叁角　　　（小写）¥366.30</td></tr>
<tr><td>车种车号</td><td>晋 A11592</td><td>车船吨位</td><td></td><td rowspan="2">备注</td><td colspan="3" rowspan="2"></td></tr>
<tr><td>主管税务机关
及代码</td><td colspan="3">太原市国家税务局晋源分局
114011000</td></tr>
</table>

收款人：　　复核人：　　开票人：　　承运人：（章）太原长达汽运公司

第三联 抵扣联 受票方抵扣凭证

证 $100\frac{5}{5}$

河南省增值税专用发票

NO.00315218

开票日期 20 年 1 月 20 日

购货单位 名称	太原汾河公司	纳税人登记号	140110369912216
购货单位 地址电话	太原市和平北路 78 号 85783566	开户银行及账号	工行太原市晋源分理处 65×8172

货物或应税劳务名称	计量单位	数量	单价	金额 十	万	千	百	十	元	角	分	税率(%)	税额 十	万	千	百	十	元	角	分
丙产品	只	100	150		1	5	0	0	0	0	0	17			2	5	5	0	0	0
合计				¥	1	5	0	0	0	0	0			¥	2	5	5	0	0	0

价税合计（大写） 负数佰负数拾壹万柒仟伍佰伍拾零元零角零分 ¥17 550.00

销货单位 名称	郑州东方公司	纳税人登记号	410102354333621
销货单位 地址电话	郑州市颍河路 256 号 66358216	开户银行及账号	工行郑州市中原分理处 684952
备注	超合同发货，仓库已收到退回商品。		

收款人 开票单位（未盖章无效）郑州东方公司

第四联 记账联 销货方记账凭证

101．元月 20 日，支付销售科业务招待费。

证 $101\frac{1}{2}$

郑州市服务业专用发票

NO.02165822

发票联

客户名称 郑州东方公司 20 年 1 月 20 日

项目	单位	数量	单价	金额 十	万	千	百	十	元	角	分
餐费	次	1				1	4	8	0	0	0
合计人民币(大写) ⓧ拾ⓧ万壹仟肆佰捌拾零元零角零分					¥	1	4	8	0	0	0

单位（盖章）黄河大酒店 开票人 收款人

二 报销凭证

证 $101\frac{2}{2}$

中国工商银行转账支票存根

支票号码 00655878

科　　目

对方科目

出票日期20　　年 1 月 20 日

收款人：	黄河大酒店
金　额：	1480 元
用　途：	销售科业务招待费

单位主管　　　　会计

102. 元月 20 日，一车间领用工作服一批。

证 102

东方公司领料单

领用单位　一车间　　　20　　年 1 月 20 日　　　　编号 1－014

材料名称	规格型号	单位	数量		计划成本		备注
			请领	实发	单价	合计	
工作服		套	170	170	80	13 600	以旧换新
合计						13 600	

二　会计记账

仓库主管　李明玉　　　记账　　　发料　邹华　　　领料　王维

103. 元月 20 日，各车间报废低值易耗品残料入库。

证 $103\frac{1}{4}$

废料入库单

交料单位 一车间　　20　年 1 月 20 日　　编号 1 - 001

材料名称	单位	数量	实际价格		计划价格	
			单价	合计	单价	合计
废铁	千克	30	1.20	36	1.20	36
旧布（工作服）	千克	300	5	1 500	5	1 500

二 会计记账

仓库主管 李明玉　　收料 李方　　交料 王维

证 $103\frac{2}{4}$

废料入库单

交料单位 二车间　　20　年 1 月 20 日　　编号 1 - 002

材料名称	单位	数量	实际价格		计划价格	
			单价	合计	单价	合计
废铁	千克	25	1.20	30	1.20	30
旧布（工作服）	千克	160	5	800	5	800

二 会计记账

仓库主管 李明玉　　收料 李方　　交料 贺强

证 $103\frac{3}{4}$

废料入库单

交料单位 修理车间　　　　20　　年1月20日　　　　编号 1-003

材料名称	单位	数量	实际价格		计划价格	
			单价	合计	单价	合计
废铁	千克	35	1.20	42	1.20	42
旧布（工作服）	千克	48	5	240	5	240

二 会计记账

仓库主管　李明玉　　　　收料　李方　　　　交料　高原

证 $103\frac{4}{4}$

废料入库单

交料单位 供电车间　　　　20　　年1月20日　　　　编号 1-004

材料名称	单位	数量	实际价格		计划价格	
			单价	合计	单价	合计
废铁	千克	15	1.20	18	1.20	18
旧布（工作服）	千克	20	5	100	5	100

二 会计记账

仓库主管　李明玉　　　　收料　李方　　　　交料　周明

104. 元月 20 日，一车间、二车间完工产成品验收入库。

证 $104\frac{1}{2}$

产 成 品 入 库 单

交货单位　一车间　　　　20　　年1月20日　　　　编号 1－007

产品名称	规格型号	计量单位	交送数量	检验结果		实收数量
				合　格	不合格	
甲产品		只	550	550		550
乙产品		只	1 200	1 200		1 200

二 会计记账

库保管员　凤虹　　　　质检员　严立　　　　车间经办人　丰环

证 $104\frac{2}{2}$

产 成 品 入 库 单

交货单位　二车间　　　　20　　年1月20日　　　　编号 1－008

产品名称	规格型号	计量单位	交送数量	检验结果		实收数量
				合　格	不合格	
丙产品		只	1 100	1 100		1 100

二 会计记账

库保管员　凤虹　　　　质检员　严立　　　　车间经办人　向阳

105. 元月 20 日，根据 11—20 日记账凭证编制科目汇总表。

证 $105\frac{1}{2}$

科　目　汇　总　表

编号

单位　　　　　　　　年　月　日至　月　日

会计科目	总页	借方金额										贷方金额										备注
		千	百	十	万	千	百	十	元	角	分	千	百	十	万	千	百	十	元	角	分	

会计主管　　　　记账　　　　审核　　　　制表

证 $105\frac{2}{2}$

科 目 汇 总 表

编号

单位　　　　　　　　年　　月　　日至　　月　　日

会计科目	总页	借方金额										贷方金额										备注
		千	百	十	万	千	百	十	元	角	分	千	百	十	万	千	百	十	元	角	分	

会计主管　　　　　　记账　　　　　　审核　　　　　　制表

106. 元月 22 日，收到出售设备款。

证 $106\frac{1}{3}$

中国工商银行**进账单**(收账通知)　1

20　　年1月22日　　　　第1－04号

出票人		收款人	
全称	郑州永新公司	全称	郑州东方公司
账号	718805	账号	684952
开户银行	工行郑州市邙山分理处	开户银行	工行郑州市中原分理处

人民币(大写)	千	百	十	万	千	百	十	元	角	分
陆万捌仟壹佰贰拾元整			¥	6	8	1	2	0	0	0

票据种类	转账支票
票据张数	1

单位主管　　会计　　复核　　记账　　　　收款人开户行盖章

此联是收款人开户银行交给收款人的收账通知

证 $106\frac{2}{3}$

郑州市工业发票 NO.02182585

记账联

客户名称 郑州永新公司　　20　　年1月22日

品名规格	单位	数量	单价	金额 十	万	千	百	十	元	角	分
C650车床	台	1			6	8	1	2	0	0	0
合计人民币(大写) ⓧ拾陆万捌仟壹佰贰拾零元零角零分				¥	6	8	1	2	0	0	0

单位（盖章）郑州东方公司财务科　　开票人　　收款人

三 会计记账

证 $106\frac{3}{3}$

出售设备增值税计算表

20　　年 1 月 22 日　　　　单位 元

设备名称	规格型号	出售金额	出售设备增值税征收率	减按征 2% 计算的增值税销项税额	备注 实际设备转让净收入
车床	C650	68 120	3 %	1 322.72	66 797.28

会计主管　　　记账　　　审核　　　制表

107. 元月 22 日，结转出售设备净收益。

证 107

出售设备净收益计算表

20　　年 1 月 22 日　　　　单位 元

设备名称	规格型号	设备原值	已提折旧	设备净值	清理费用	转让净收入	转让净收益
车床	C650	80 000	16 800	63 200	1 100	66 797.28	2 497.28

会计主管　　　记账　　　审核　　　制表

108. 元月 22 日，从银行提取现金以备零星开支。

证 108

中国工商银行现金支票存根

支票号码 00268126

科　　目

对方科目

出票日期20　　年 1 月 22 日

收款人：	本公司
金　额：	2 000元
用　途：	备用

单位主管　　　　会计

109. 元月 22 日，二车间领用工作服一批。

证 109

东方公司领料单

领用单位 二车间　　20　　年 1 月 22 日　　编号 1 - 015

材料名称	规格型号	单位	数量		计划成本		备注
			请领	实发	单价	合计	
工作服		套	85	85	80	6 800	以旧换新
合计						6 800	

一会计记账

仓库主管 李明玉　　记账　　发料 邹华　　领料 贺强

110. 元月 22 日，编制职工薪酬结算汇总表，把本月应发放的工资薪金转入职工个人账户。

证 110$\frac{1}{2}$

职工薪酬结算汇总表

20　年1月份

单位　元

车间部门		职工人数	计时工资	计件工资	物价补贴	夜班津贴	奖金	加班工资	应扣工资		应付职工薪酬	代扣款项						实发职工薪酬
									病假	事假		医疗保险费	养老保险费	失业保险费	住房公积金	个人所得税	小计	
一车间	甲产品工人	85		170 000	3 400	1 700	17 000	12 750			204 850	4 097	16 388	2 048.50	20 485	1 572.50	44 591	160 259
	乙产品工人	76		148 200	3 040	1 520	16 720	11 200			180 680	3 613.60	14 454.40	1 806.80	18 068	1 282	39 224.80	141 455.20
	管理人员	9	17 350		360		1 880	1 170	200	80	20 480	409.60	1 638.40	204.80	2 048	106	4 406.80	16 073.20
二车间	丙产品工人	80		154 400	3 200	1 600	16 800	11 600			187 600	3 752	15 008	1 876	18 760	1 220	40 616	146 984
	管理人员	5	9 650		200		1 100	700	100	40	11 510	230.20	920.80	115.10	1 151	65.50	2 482.60	9 027.40
修理车间	生产工人	23		43 240	920	450	4 370	2 600			51 580	1 031.60	4 126.40	515.80	5 158	243	11 074.80	40 505.20
	管理人员	2	3 900		80		380	260			4 620	92.40	369.60	46.20	462	17	987.20	3 632.80
供电车间	生产工人	9		16 920	360	200	1 530	1 300			20 310	406.20	1 624.80	203.10	2 031	109	4 374.10	15 935.90
	管理人员	1	1 920		40		170	140			2 270	45.40	181.60	22.70	227		476.70	1 793.30
在建工程人员		4	8 500		160		720				9 380	187.60	750.40	93.80	938	61	2 030.80	7 349.20
医务室人员		3	6 400		120		480				7 000	140	560	70	700	44	1 514	5 486
公司管理人员		45	94 500		1 800		9 000		300	180	104 820	2 096.40	8 385.60	1 048.20	10 482	651	22 663.20	82 156.80
其中：培训科人员		3	6 200		120		600				6 920	138.40	553.60	69.20	692	21	1 474.20	5 445.80
合计		342	142 220	532 760	13 630	5 470	70 150	41 720	600	300	805 100	16 102	64 408	8 051	80 510	5 371	174 442	630 658

会计主管　　　　记账　　　　审核　　　　制表

证 110 $\frac{2}{2}$

中国工商银行转账支票存根

支票号码 00655879

科 目

对方科目

出票日期 20 年 1 月 22 日

收款人：	公司职工个人账户
金 额：	630 658 元
用 途：	本月份职工薪酬

单位主管 会计

111. 元月 22 日，根据代扣款项汇总表，结转本月份代扣款项。

证 111

代扣款项汇总表

20 年 1 月 22 日 单位 元

应贷 会计科目	代扣款项					
	医疗保险费	养老保险费	失业保险费	住房公积金	个人所得税	小计
其他应付款	16 102	64 408	8 051	80 510		169 071
应交税费					5 371	5 371
合计	16 102	64 408	8 051	80 510	5 371	174 442

会计主管 记账 审核 制表

112. 元月 22 日，根据职工薪酬结算汇总表，编制职工薪酬分配汇总表。

证 112

职工薪酬分配汇总表

年　月　　　　单位 元

车间、部门	应借科目							
产品名称	生产成本－基本生产成本	生产成本－辅助生产成本	制造费用	在建工程	应付职工薪酬－职工福利	管理费用	劳务成本	合计
甲产品								
乙产品								
丙产品								
一车间								
二车间								
修理车间								
供电车间								
固定资产工程								
医务室								
培训科								
公司管理部门								
合计								

会计主管　　记账　　审核　　制表

113. 元月 22 日，修理车间领用工作服一批。

证 113

东方公司领料单

领用单位 修理车间　　20　　年 1 月 22 日　　　　编号 1－016

材料名称	规格型号	单位	数量		计划成本		备注
			请领	实发	单价	合计	
工作服		套	25	25	80	2 000	以旧换新
合计						2 000	

二 会计记账

仓库主管 李明玉　　记账　　发料 邹华　　领料 高原

114. 元月 23 日，向税务部门缴纳代扣个人所得税。

证 $114\frac{1}{3}$

关于缴纳元月份个人所得税的说明

市地税局直属分局：

由于我公司本月份以引入资金购进 3 台先进设备，产品产量、销售量和职工薪酬均比上月有所提高，上月份应付职工薪酬为 615 000 元，本月份职工薪酬随着产、销数量的提高增长到 805 100 元，按照《中华人民共和国个人所得税法》的有关规定，应扣除并缴纳个人所得税 5 371 元，特此说明。

郑州东方公司

20　　年元月 23 日

证 $114\frac{2}{3}$

中华人民共和国
税收通用缴款书

地

隶属关系： 豫地缴字第 11381 号

经济类型： 填发日期 20 年 1 月 23 日 征收机关 市地税局直属分局

无银行收讫章无效

缴款单位（人）	代码	410102354333621	预算科目	编码	101060109
	全称	郑州东方公司		名称	个人所得税
	开户银行	工行郑州市中原分理处		级次	市级
	账号	684552	收款国库		市国库

税款所属时期 20 年 1 月 1 日至 20 年 1 月 31 日 税款限缴日期 20 年 2 月 15 日

品目名称	课税数量	计税金额或销售收入	税率或单位税额	已缴或扣除额	实缴金额 千	百	十	万	千	百	十	元	角	分
工资、薪金所得									5	3	7	1	0	0
金额合计（大写）⊗仟⊗佰⊗拾⊗万伍仟叁佰柒拾壹元零角零分								¥	5	3	7	1	0	0

缴款单位（人）	税务机关	上列款项已收妥并划转收款单位账户	备注
（盖章） 经办人（章）	（盖章） 填票人（章）	国库（银行）盖章 20 年 1 月 23 日	

逾期不缴款按税法规定加收滞纳金

第一联（收据）国库（经收处）收款盖章后退缴款单位（人）作完税凭证

证 114$\frac{3}{3}$

扣缴个人所得税报告表

填表日期　　　　　　　　年　　月　　日　　　　　　　　　　　　　　　　金额单位　人民币元

纳税人识别号 | | | | | | | | | | | | | | | |

根据《中华人民共和国个人所得税法》第九条的规定制定本表，扣缴义务人应将本月扣缴的税款在次月 15 日内缴入国库，并向当地税务机关报送本表。

扣缴义务人名称		地 址		电 话	

纳税义务人姓名	纳税人识别号	工作单位及地址	所得项目	所得期间	收入额						减费用额	应纳税所得额	税率	速算扣除数	扣缴所得税额	完税证号	纳税日期
					人民币	外币				人民币合计							
						货币名称	金额	外汇牌价	折合人民币								

如果由扣缴义务人填写完税证，应在报送此表时附完税证副联____份

扣缴义务人声明	我声明，此扣缴申报表是根据《中华人民共和国个人所得税法》的规定填报的，我确信它是真实的、可靠的、完整的。 声明人签字________________

会计主管签字　　　　　　　　负责人签字　　　　　　　　扣缴单位（或个人）盖章

以下由税务机关填写

收到申报日期		接收人		审 核 日 期	
审 核 记 录			主管税务机关（公章） 主管税务官员签字		

115. 元月 23 日，向市社会保障服务中心缴代扣职工养老保险费、失业保险费。

证 115$\frac{1}{2}$

中国工商银行转账支票存根

支票号码 00655880

科　　目

对方科目

出票日期 20　　年 1 月 23 日

收款人：	市社会保障服务中心
金　额：	72 459 元
用　途：	缴代扣职工养老及失业保险费

单位主管　　　　会计

证 115$\frac{2}{2}$

社会保险费专用缴款书

20　　年 1 月 23 日　　　　NO.00005896

缴款单位	全　称	郑州东方公司	收款单位	全　称	市社会保障服务中心
	开户银行	工行郑州市中原分理处		开户银行	工行郑州市二七分理处
	账　号	684952		账　号	036×931

缴费所属日期 20　　年 1 月 1 日 至 20　　年 1 月 31 日

缴费项目	缴费单位职工人数	缴费单位工资基数	缴费比例		应缴金额		实缴金额	
			单位	个人	单位部分	个人部分	单位部分	个人部分
养老保险费	342	805 100		8%		64 408		64 408
失业保险费	342	805 100		1%		8 051		8 051
实缴金额合计（大写）柒万贰仟肆佰伍拾玖元整							¥72 459.00	

收款单位（盖章）市社会保障服务中心　　　　经办人

二 交款单位

116. 元月 23 日，向市医疗保障服务中心缴代扣职工医疗保险费。

证 116$\frac{1}{2}$

中国工商银行转账支票存根

支票号码 00655881

科 目

对方科目

出票日期20 年 1 月 23 日

收款人：市医疗保障服务中心	
金 额： 16 102 元	
用 途：缴代扣职工医疗保险费	

单位主管 会计

证 116$\frac{2}{2}$

医疗保险费专用缴款书

20 年 1 月 23 日 NO.00010856

缴款单位	全称	郑州东方公司	收款单位	全称	市医疗保障服务中心
	开户银行	工行郑州市中原分理处		开户银行	工行郑州市二七分理处
	账号	684952		账号	036×872

缴费所属日期 20 年 1 月 1 日 至 20 年 1 月 31 日

缴费项目	缴费单位职工人数	缴费单位工资基数	缴费比例		应缴金额		实缴金额	
			单位	个人	单位部分	个人部分	单位部分	个人部分
医疗保险费	342	805 100		2 %		16 102		16 102

实缴金额合计（大写）壹万陆仟壹佰零贰元整 ¥16 102.00

收款单位（盖章）市医疗保障服务中心 经办人：

二 交款单位

117. 元月 23 日，向市住房公积金管理办公室缴代扣职工住房公积金。

证 $117\frac{1}{2}$

中国工商银行转账支票存根

支票号码 00655882

科 目

对方科目

出票日期20 年 1 月 23 日

收款人：	市住房公积金管理办公室
金 额：	80 510 元
用 途：	缴代扣职工住房公积金

单位主管 会计

证 $117\frac{2}{2}$

住房公积金专用缴款书

20 年 1 月 23 日 NO.00039658

缴款单位	全 称	郑州东方公司	收款单位	全 称	市住房公积金管理办公室
	开户银行	工行郑州市中原分理处		开户银行	工行郑州市二七分理处
	账 号	684952		账 号	036×656

缴费所属日期 20 年 1 月 1 日 至 20 年 1 月 31 日

缴费项目	缴费单位职工人数	缴费单位工资基数	缴费比例		应缴金额		实缴金额	
			单位	个人	单位部分	个人部分	单位部分	个人部分
住房公积金	342	805 100		10%		80 510		80 510

实缴金额合计（大写）捌万零伍佰壹拾元整 ¥80 510.00

收款单位（盖章）市住房公积金管理办公室 经办人

二 交款单位

118. 元月 23 日，收到长江公司购货款，开出增值税专用发票，所需商品自行运回。

证 118$\frac{1}{3}$

中国工商银行信汇凭证（收账通知 或取款收据） 4

第　　号
应解汇款编号

委托日期　20　　年 1　月20日

汇款人	全　称	南京长江公司			收款人	全　称	郑州东方公司		
	账　号 或住址	36948236				账　号 或住址	684952		
	汇　出 地　点	江苏省南京市 县	汇出行 名　称	工行南京市 栖霞分理处		汇　入 地　点	河南省郑州市 县	汇入行 名　称	工行郑州市 中原分理处

金额	人民币（大写）	肆拾陆万捌仟元整	千	百	十	万	千	百	十	元	角	分
				¥	4	6	8	0	0	0	0	0

汇款用途：购货款	留行待取预留 收款人印鉴

款项已收入收款人账户 汇入行盖章 20　　年1月23日	款项已照收无误 收款人签章 20　　年1月23日	科目（借） 对方科目（贷） 汇入行解汇日期　　年　月　日 复核　　出纳 记账

此联给收款人的收账通知或取款收据

证 118$\frac{2}{3}$

产成品销售出库单　　NO.1－006

购货单位　南京长江公司　　　20　　年1月23日

产品名称	规格型号	计量单位	出库数量 应出库	出库数量 实出库	备注
乙产品		只	1 000	1 000	自　提
丙产品		只	1 600	1 600	

仓库主管　吕美　　发货　周庆　　提货　　制单　肖笑

二 会计记账

证 $118\frac{3}{3}$

河南省增值税专用发票 NO.00315219

开票日期　20　年 1 月 23 日

购货单位			
名称	南京长江公司	纳税人登记号	320113369912108
地址电话	南京市应天路 36 号 85826339	开户银行及账号	工行南京市栖霞分理处 36948236

货物或应税劳务名称	计量单位	数量	单价	金额								税率（%）	税额							
				十	万	千	百	十	元	角	分		十	万	千	百	十	元	角	分
乙产品	只	1 000	160	1	6	0	0	0	0	0	0	17		2	7	2	0	0	0	0
丙产品	只	1 600	150	2	4	0	0	0	0	0	0	17		4	0	8	0	0	0	0
合计				4	0	0	0	0	0	0	0		¥	6	8	0	0	0	0	0

价税合计（大写）	※佰肆拾陆万捌仟零佰零拾零元零角零分　¥468 000.00

销货单位			
名称	郑州东方公司	纳税人登记号	410102354333621
地址电话	郑州市颍河路 256 号 66358216	开户银行及账号	工行郑州市中原分理处 684952
备注			

收款人　　开票单位（未盖章无效）郑州东方公司

第四联 记账联 销货方记账凭证

119. 元月 24 日，供电车间领用工作服一批。

证 119

东方公司领料单

领用单位 供电车间　　20　年 1 月 24 日　　编号 1－017

材料名称	规格型号	单位	数量		计划成本		备注
			请领	实发	单价	合计	
工作服		套	10	10	80	800	以旧换新
合计						800	

仓库主管 李明玉　　记账　　发料 邹华　　领料 周明

二 会计记账

120. 元月 24 日，收到彭城公司捐赠材料一批。

证 $120\frac{1}{5}$

江苏省增值税专用发票

NO.06511315

发票联

开票日期　20　年 1 月 22 日

购货单位	名称	郑州东方公司	纳税人登记号	410102354333621
	地址电话	郑州市颍河路 256 号 66358216	开户银行及账号	工行郑州市中原分理处 684952

货物或应税劳务名称	计量单位	数量	单价	金额								税率（%）	税额							
				十	万	千	百	十	元	角	分		十	万	千	百	十	元	角	分
丁材料	千克	1 000	6 8		6	8	0	0	0	0	0	17		1	1	5	6	0	0	0
合计				¥	6	8	0	0	0	0	0		¥	1	1	5	6	0	0	0

价税合计（大写）	※佰※拾柒万玖仟伍佰陆拾零元零角零分	¥79 560.00		
销货单位	名称	徐州彭城公司	纳税人登记号	320311324012211
	地址电话	徐州市云龙山路 118 号 62550108	开户银行及账号	工行徐州市泉山分理处 718805
备注	无偿捐赠			

收款人　　　　开票单位（未盖章无效）徐州彭城公司

第二联 发票联 购货方记账凭证

证 $120\frac{2}{5}$

江苏省增值税专用发票

NO.06511315

抵扣联

开票日期　20　年 1 月 22 日

购货单位	名称	郑州东方公司	纳税人登记号	410102354333621
	地址电话	郑州市颍河路 256 号 66358216	开户银行及账号	工行郑州市中原分理处 684952

货物或应税劳务名称	计量单位	数量	单价	金额								税率（%）	税额							
				十	万	千	百	十	元	角	分		十	万	千	百	十	元	角	分
丁材料	千克	1 000	6 8		6	8	0	0	0	0	0	17		1	1	5	6	0	0	0
合计				¥	6	8	0	0	0	0	0		¥	1	1	5	6	0	0	0

价税合计（大写）	※佰※拾柒万玖仟伍佰陆拾零元零角零分	¥79 560.00		
销货单位	名称	徐州彭城公司	纳税人登记号	320311324012211
	地址电话	徐州市云龙山路 118 号 62550108	开户银行及账号	工行徐州市泉山分理处 718805
备注	无偿捐赠			

收款人　　　　开票单位（未盖章无效）徐州彭城公司

第三联 抵扣联 购货方作抵扣税款凭证

证 $120\frac{3}{5}$

货物运输业增值税专用发票 NO：00007118

发票联

开票日期　　年 1 月 23 日

<table>
<tr><td>承运人及
纳税人识别号</td><td>徐州宏达汽运公司
320311522072322</td><td rowspan="2">密
码
区</td><td colspan="2" rowspan="2"></td></tr>
<tr><td>实际受票方及
纳税人识别号</td><td>郑州东方公司
410102354333621</td></tr>
<tr><td>收货人及
纳税人识别号</td><td>郑州东方公司
410102354333621</td><td colspan="2">发货人及
纳税人识别号</td><td>徐州彭城公司
320311324012211</td></tr>
<tr><td>起运地、经由、到达地</td><td colspan="4">徐州经商丘到郑州</td></tr>
<tr><td>费用项目及金额</td><td>费用项目　　金额
运输费　　620.0</td><td>运输货物信息</td><td colspan="2">丁材料 1 000 公斤</td></tr>
<tr><td>合计金额</td><td>620.00</td><td>税率　11%</td><td>税额　68.20</td><td>机器编号　681117711800</td></tr>
<tr><td>价税合计（大写）</td><td colspan="4">⊗陆佰捌拾捌元贰角　　（小写）¥688.20</td></tr>
<tr><td>车种车号</td><td>苏 C14218</td><td>车船吨位</td><td rowspan="2">备注</td><td rowspan="2"></td></tr>
<tr><td>主管税务机关及代码</td><td colspan="2">徐州市国家税务局泉山分局
132031100</td></tr>
</table>

收款人：　　复核人：　　开票人：　　承运人：（章）徐州宏达汽运公司

第二联 发票联 受票方记账凭证

证 120$\frac{4}{5}$

货物运输业增值税专用发票 NO：00007118

抵扣联

开票日期 年1月23日

承运人及纳税人识别号	徐州宏达汽运公司 320311522072322	密码区	
实际受票方及纳税人识别号	郑州东方公司 410102354333621		
收货人及纳税人识别号	郑州东方公司 410102354333621	发货人及纳税人识别号	徐州彭城公司 320311324012211
起运地、经由、到达地	徐州经商丘到郑州		
费用项目及金额	费用项目：运输费　金额：620.0	运输货物信息	丁材料 1 000公斤

合计金额	620.00	税率	11%	税额	68.20	机器编号	681117711800
价税合计（大写）	⊗陆佰捌拾捌元贰角			（小写）¥688.20			
车种车号	苏C14218	车船吨位		备注			
主管税务机关及代码	徐州市国家税务局泉山分局 132031100						

收款人： 复核人： 开票人： 承运人：（章）徐州宏达汽运公司

第三联 抵扣联 受票方抵扣凭证

证 120$\frac{5}{5}$

材料采购成本计算表

20 年1月24日 单位 元

材料名称	规格型号	单位	数量	买价	运费	实际成本	单位成本
丁材料		千克	1 000	68 000	620	68 620	68.62

会计主管 审核 制表

121. 元月 24 日，接受彭城公司捐赠的丁材料验收入库。

证 121

东方公司收料单

供应单位 徐州彭城公司

发票号码 06511315　　验收日期 20　　年1月24日　　编号 1－009

材料名称	规格型号	单位	数量		实际成本				计划成本		材料成本差异	
			应收	实收	单价	买价	运费	合计	单价	合计	超支	节约
丁材料		千克	1 000	1 000	68	68 000	620	68 620	70	70 000		1 380
合计						68 000	620	68 620	70	70 000		1 380

二 会计记账

仓库主管 李明玉　　记账　　收料 李方　　业务采购

122. 元月 24 日，收到西安延河公司预付货款。

证 122

中国工商银行信汇凭证（收账通知或取款收据）　4

第　　号

应解汇款编号

委托日期 20　　年 1　月 21 日

汇款人	全称	西安延河公司	收款人	全称	郑州东方公司	
	账号或住址	880508		账号或住址	684952	
	汇出地点	陕西省西安市　县；汇出行名称：工行西安市雁塔分理处		汇入地点	河南省郑州市　县；汇入行名称：工行郑州市中原分理处	
金额	人民币（大写）	贰拾陆万元整			千 百 十 万 千 百 十 元 角 分	¥ 2 6 0 0 0 0 0 0

汇款用途：购货款

留行待取预留收款人印鉴

此联给收款人的收账通知或取款收据

款项已收入收款人账户

汇入行盖章

20　　年1月24日

款项已照收无误

收款人签章

20　　年1月24日

科目（借）

对方科目（贷）

汇入行解汇日期　　年　月　日

复核　　出纳

记账

123. 元月 24 日，向贫困山区学校捐赠办学资金。

证 $123\frac{1}{2}$

中国工商银行信汇凭证（回单）1

委托日期 20　年 1 月 24 日　　第 02 号

<table>
<tr><td rowspan="3">汇款人</td><td>全称</td><td colspan="3">郑州东方公司</td><td rowspan="3">收款人</td><td>全称</td><td colspan="3">光山县教育局</td><td rowspan="5">此联汇出行给汇款人的回单</td></tr>
<tr><td>账号或住址</td><td colspan="3">684952</td><td>账号或住址</td><td colspan="3">521686</td></tr>
<tr><td>汇出地点</td><td>河南省郑州市　县</td><td>汇出行名称</td><td>工行郑州市中原分理处</td><td>汇入地点</td><td>河南省　市光山县</td><td>汇入行名称</td><td>工行光山县庆丰分理处</td></tr>
<tr><td>金额</td><td colspan="8">人民币（大写）伍万元整
千 百 十 万 千 百 十 元 角 分
　 　 ¥ 5 0 0 0 0 0 0</td></tr>
<tr><td colspan="5">汇款用途：贫困小学办学资金

单位主管　会计　复核　记账</td><td colspan="4">汇出行盖章
20　年 1 月 24 日</td></tr>
</table>

证 $123\frac{2}{2}$

收　　据　　NO.00001582

20　年 1 月 24 日

<table>
<tr><td>今收到郑州东方公司

人民币
（大写）伍万元整　　¥50 000.00

系　收捐赠贫困山区小学办学资金</td><td>一
交款单位</td></tr>
</table>

收款单位（盖章）光山县教育局　　出纳　　经手人

124. 元月 24 日，支付供应科业务招待费。

证 124$\frac{1}{2}$

郑州市服务业专用发票　NO.02165891

发票联

客户名称　郑州东方公司　　　　20　　年 1 月 24 日

项　　目	单 位	数量	单 价	金额 十	万	千	百	十	元	角	分
餐　费	次	1					6	9	8	0	0
合计人民币（大写）⊗拾⊗万⊗仟陆佰玖拾捌元零角零分						¥	6	9	8	0	0

二 报销凭证

单位（盖章）黄河大酒店　　　开票人　　　收款人

证 124$\frac{2}{2}$

中国工商银行转账支票存根

支票号码　00655883

科　　目

对方科目

出票日期 20　　年 1 月 24 日

收 款 人：	黄河大酒店
金　　额：	698 元
用　　途：	供应科业务招待费

单位主管　　　会计

125. 元月 24 日，生产科路宽报销差旅费并领取报销费用差额。

证 $125\frac{1}{2}$

差旅费报销单

姓名 路宽　　职务 副科长　　20　年1月24日　　单位　元

起讫时间地点						在途补助		住勤补助		车船费		住宿费		会议费		其他	
月	日	起点	月	日	终点	天数	金额	天数	金额	张数	金额	张数	金额	张数	金额	张数	金额
1	11	郑州	1	11	北京	1	40	12	360	1	215	1	1 200	1	860	2	180
1	23	北京	1	23	郑州	1	40			1	215						
小计						2	80	12	360	2	430	1	1 200	1	860	2	180
合计人民币（大写）叁仟壹佰壹拾元整														¥3 110.00			
出差事由　北京开会								预借 3 000			核销 3 110			应补（退）110			

公司领导　燕鸽　　会计主管　　审核　　报销人　路宽

证 $125\frac{2}{2}$

借　款　单

单位 生产科　　20　年1月24日

今借到　财务科

人民币（大写）壹佰壹拾元整　　¥110.00

借款理由　领取报销差旅费差额

公司领导　燕鸽　　单位主管　郝运　　借款人　路宽

二 会计记账

126. 元月 24 日，技术科于越出差借款，以现金支付。

证 126

借　　款　　单

单位 技术科　　　　20　　年1月24日

今借到	财务科
人民币（大写）	贰仟捌佰元整　　¥2 800.00
借款理由	西安开会

公司领导　燕鸽　　　单位主管　文森　　　借款人　于越

二　会计记账

127. 元月 24 日，从银行提取现金以备零星开支。

证 127

中国工商银行现金支票存根

支票号码　00268127

科　　目

对方科目

出票日期20　　年 1 月 24 日

收款人：	本公司
金　额：	2 000 元
用　途：	零支

单位主管　　　　会计

128. 元月 24 日，报销企管科张峰业务培训费用。

证 128$\frac{1}{2}$

河南省高等院校专用收据

收款日期　　20　年 1 月 23 日

缴费人姓名	张　峰								
所在班级	院企管系 12 班								
缴费项目	收费标准	金额							
		十	万	千	百	十	元	角	分
学费				3	0	0	0	0	0
住宿费					8	0	0	0	0
书籍费					2	6	0	0	0
其他						8	0	0	0
合计			¥	4	1	4	0	0	0
人民币（大写）	肆仟壹佰肆拾元整								

二　交款方

收款单位（财务公章）河南经管学院财务处　　　　收款人

证 128$\frac{2}{2}$

中国工商银行转账支票存根

支票号码　00655884

科　　目

对方科目

出票日期 20　年 1 月 24 日

收款人：	河南经管学院
金　额：	4 140 元
用　途：	付业务培训费

单位主管　　　　会计

129. 元月 24 日，以汾河公司带息银行承兑汇票向开户银行申请贴现。

证 $129\frac{1}{2}$

贴现凭证（收账通知） 4

申请日期　　20　年 1 月 24 日　　第 01 号

贴现汇票	种类	银行承兑汇票	号码		持票人 名称	郑州东方公司
	出票日	20　年 12 月 24 日			持票人 账号	684952
	到期日	20　年 4 月 24 日			持票人 开户银行	工行郑州市中原分理处
汇票承兑人	名称	太原汾河公司	账号	65×8172	开户银	工行太原市晋源分理处

贴现金额	人民币（大写）	叁拾肆万肆仟柒佰元整	千	百	十	万	千	百	十	元	角	分
				¥	3	4	4	7	0	0	0	0

贴现率 每月	贴现利息	千	百	十	万	千	百	十	元	角	分	实付贴现金额	千	百	十	万	千	百	十	元	角	分
7.5‰					¥	1	0	1	6	8	7			¥	3	4	3	6	8	3	1	3

贴现款项已入你单位账户。 银行盖章 20　年 1 月 24 日	备注： 票据面值 344 700 元，票据利率 6%。

此联银行给持票人的收账通知

证 $129\frac{2}{2}$

贴现利息计算表

20　年 1 月 24 日　　单位　元

带息应收票据面值	票据到期利息	票据到期值	按票据到期值计算的贴现利息	实收贴现额	按票据面值减实收贴现额计算的贴现利息
344 700	6 894	351 594	7 910.87	343 683.13	1 016.87

会计主管　　记账　　审核　　制表

130. 元月 25 日，一车间、二车间完工产成品验收入库。

证 130$\frac{1}{2}$

产成品入库单

交货单位 一车间　　20　年1月25 日　　编号 1-009

产品名称	规格型号	计量单位	交送数量	检验结果		实收数量
				合格	不合格	
甲产品		只	550	550		550
乙产品		只	1 200	1 200		1 200

仓库保管员 凤虹　　质检员 严立　　车间经办人 丰环

二 会计记账

证 130$\frac{2}{2}$

产成品入库单

交货单位 二车间　　20　年1月25 日　　编号 1-010

产品名称	规格型号	计量单位	交送数量	检验结果		实收数量
				合格	不合格	
丙产品		只	1 100	1 100		1 100

仓库保管员 凤虹　　质检员 严立　　车间经办人 向阳

二 会计记账

131. 元月 25 日，延河公司将所购商品自行运回，已开具增值税专用发票。

证 $131\frac{1}{2}$

产成品销售出库单

NO.1－007

购货单位 西安延河公司　　20　　年1月25日

产品名称	规格型号	计量单位	出库数量		备注
			应出库	实出库	
甲产品		只	400	400	自提
乙产品		只	500	500	

仓库主管 吕美　　发货 周庆　　提货　　制单 肖笑

二 会计记账

证 $131\frac{2}{2}$

河南省增值税专用发票

NO.00315220

开票日期　20　　年1月25日

购货单位	名称	西安延河公司	纳税人登记号	610113369912310
	地址电话	西安市彩虹路98号 83591619	开户银行及账号	工行西安市雁塔分理处 880508

货物或应税劳务名称	计量单位	数量	单价	金额 十	万	千	百	十	元	角	分	税率（%）	税额 十	万	千	百	十	元	角	分
甲产品	只	400	350	1	4	0	0	0	0	0	0	17		2	3	8	0	0	0	0
乙产品	只	500	160		8	0	0	0	0	0	0	17		1	3	6	0	0	0	0
合计				2	2	0	0	0	0	0	0		¥	3	7	4	0	0	0	0
价税合计（大写）	※佰贰拾伍万柒仟肆佰零拾零元零角零分														¥257 400.00					

销货单位	名称	郑州东方公司	纳税人登记号	410102354333621
	地址电话	郑州市颍河路256号 66358216	开户银行及账号	工行郑州市中原分理处 684952
备注	已预收货款 260 000 元			

收款人　　开票单位（未盖章无效）　郑州东方公司

第四联 记账联 销货方记账凭证

132. 元月 25 日，购入三套住房，由公司引进高级管理人员免费使用。

证 $132\frac{1}{4}$

河南省增值税专用发票

NO.00032681

发　票　联

开票日期 20　　年 1 月 25 日

购货单位	名　　称：郑州东方公司 纳税人识别号：410102354333621 地址、电话：郑州市颍河路 256 号 66358216 开户行及账号：工行郑州市中原分理处 684952	密码区	（略）

货物及应税劳务名称	规格型号	单位	数量	单价	金额	税率	税额
住宅房	150㎡	套	3	510 000	1 530 000.00	11%	168 300.00
合　　计					¥1 530 000.00		¥168 300.00
价税合计（大写）⊗壹佰陆拾玖万捌仟叁佰元整					（小写）¥1 698 300.00		

销货单位	名　　称：河南建业房地产开发公司 纳税人识别号：410103727210518 地址、电话：郑州市人民路 159 号　66167135 开户行及账号：工行郑州市二七分理处　516418	备注	

收款人：　　　　复核：　　　　开票人：　　　　销货单位(章)

第一联 发票联 购货方记账凭证

证 $132\frac{2}{4}$

河南省增值税专用发票

NO.00032681

抵　扣　联

开票日期 20　　年 1 月 25 日

购货单位	名　　称：郑州东方公司 纳税人识别号：410102354333621 地址、电话：郑州市颍河路 256 号 66358216 开户行及账号：工行郑州市中原分理处 684952	密码区	（略）

货物及应税劳务名称	规格型号	单位	数量	单价	金额	税率	税额
住宅房	150㎡	套	3	510 000	1 530 000.00	11%	168 300.00
合　　计					¥1 530 000.00		¥168 300.00
价税合计（大写）⊗壹佰陆拾玖万捌仟叁佰元整					（小写）¥1 698 300.00		

销货单位	名　　称：河南建业房地产开发公司 纳税人识别号：410103727210518 地址、电话：郑州市人民路 159 号　66167135 开户行及账号：工行郑州市二七分理处　516418	备注	

收款人：　　　　复核：　　　　开票人：　　　　销货单位(章)

第二联 抵扣联 购货方抵扣凭证

证 $132\frac{3}{4}$

中国工商银行转账支票存根

支票号码 00655885

科　　目

对方科目

出票日期　　20　年1月25日

收款人：河南建业房地产公司
金　额：1 698 300 元
用　途：购住宅房

单位主管　　　会计

证 $132\frac{4}{4}$

固定资产验收单

20　年 1 月 25 日　　　　单位：元

固定资产名称	规格型号	单位	数量	单价	金额	取得方式	生产单位
住宅房	150m²	套	3	510 000	1 530 000	购入	河南建业房地产公司
使用部门		预计使用年限			验收日期		使用日期
公司引进高级管理人员用		50 年			20　年1月25日		20　年1月25日

后勤主管　单管　　　管理员　李正　　　经办人　秦奋

133. 元月 25 日，根据职工薪酬结算汇总表中的应付职工薪酬数额和货币性职工薪酬计提比例，编制货币性职工薪酬计算汇总表。

证 $133\frac{1}{2}$

货币性职工薪酬计提比例表

应提项目	医疗保险费	养老保险费	失业保险费	工伤保险费	生育保险费	住房公积金	职工福利	工会经费	职工教育经费
计提比例	8%	21%	2%	0.5%	0.5%	10%	14%	2%	2.5%

证133$\frac{2}{2}$

货币性职工薪酬计算汇总表

年　月　日　　　　单位 元

车间、部门		应付职工薪酬	应计提货币性职工薪酬									
			医疗保险费	养老保险费	失业保险费	工伤保险费	生育保险费	住房公积金	职工福利	工会经费	职工教育经费	合计
一车间	甲产品工人											
	乙产品工人											
	管理人员											
二车间	丙产品工人											
	管理人员											
修理车间	生产工人											
	管理人员											
供电车间	生产工人											
	管理人员											
固定资产工程												
医务室												
培训科												
公司管理部门												
合计												

会计主管　　　记账　　　审核　　　制表

134. 元月 26 日，根据梁园公司丙产品代销清单，开具增值税专用发票并寄出。

证 $134\frac{1}{2}$

代销商品销售清单

20　　年1月25日　　单位 元

代销商品名称	单位	代销数量	本次销售量	单位售价	销售额	备注	
						上次销售量	累计销售量
丙产品	只	1 000	500	160	80 000	300	800

二 委托单位

代销单位（盖章）商丘梁园公司　　审核　　制表

证 $134\frac{2}{2}$

河南省增值税专用发票 NO.00315221

开票日期　20　　年 1 月 26 日

购货单位	名称	商丘梁园公司	纳税人登记号	411402637331205
	地址电话	商丘市五一路 19 号 8715321	开户银行及账号	工行商丘市睢阳分理处 364782

货物或应税劳务名称	计量单位	数量	单价	金额								税率（%）	税额							
				十	万	千	百	十	元	角	分		十	万	千	百	十	元	角	分
丙产品	只	500	160		8	0	0	0	0	0	0	17		1	3	6	0	0	0	0
合计				¥	8	0	0	0	0	0	0		¥	1	3	6	0	0	0	0

价税合计（大写）	※佰※拾玖万叁仟陆佰零拾零元零角零分　　¥93 600.00			
销货单位　名称	郑州东方公司	纳税人登记号	410102354333621	
地址电话	郑州市颍河路 256 号 66358216	开户银行及账号	工行郑州市中原分理处 684952	
备注				

第四联 记账联 销货方记账凭证

收款人　　开票单位（未盖章无效）郑州东方公司

135. 元月 26 日，计算应付梁园公司代销丙产品手续费。

证 135

委托代销商品手续费计算表

20　　年 1 月 26 日　　　　单位　元

委托代销单位	代销商品名称	单位	本次销售量	单位售价	销售额	计提比例	应计提手续费
商丘梁园公司	丙产品	只	500	160	80 000	10%	8 000

会计主管　　　　审核　　　　制表

136. 元月 26 日，结转已售委托代销丙产品成本。

证 136

委托代销商品成本结转计算表

20　　年 1 月 26 日　　　　单位　元

委托代销单位	代销商品名称	本次销售额	委托代销商品销售成本率	应结转代销商品成本
商丘梁园公司	丙产品	80 000	70%	56 000

会计主管　　　　审核　　　　制表

137. 元月 26 日，依据审计意见，调整固定资产折旧。

证 137$\frac{1}{2}$

河南宏大会计师事务所有限责任公司文件

豫宏企审字（20　年）第 126 号

★

关于对郑州东方公司 20　年度财务报表的审计意见

郑州东方公司：

我公司根据贵单位的委托，依据《中华人民共和国注册会计师法》和《企业会计准则》等规定，对贵单位 20　年度财务报表进行了审计。我们认为该年度贵单位多提固定资产折旧32 000 元，少计无形资产摊销2 000元，应调增利润30 000 元，请按有关规定进行账务处理后，调整报告年度的资产负债表和利润表。

中国注册会计师：龚征

中国注册会计师：沈铭

河南宏大会计师事务所有限责任公司

20　年 1 月 25 日

证 137$\frac{2}{2}$

固定资产折旧调整表

20　年 1 月 26 日　　单位　元

调整理由	调整总账科目	调整明细科目	调减金额
多提固定资产	累计折旧	房　屋（办公楼）	24 000
折旧		机器设备（C630 车床）	5 000
		运输设备（货车）	3 000
合　计			32 000

会计主管　　记账　　审核　　制单

138. 元月 26 日，依据审计意见，调整无形资产摊销。

证 138

无形资产摊销调整表

20　年 1 月 26 日　　单位　元

调整理由	调整总账科目	调整明细科目	调增金额
少提无形资产摊销额	累计摊销	甲产品专利权	2 000

会计主管　　记账　　审核　　制单

139. 元月 26 日，依据审计意见，调整应交所得税。

证 139

应交所得税调整表

20　年 1 月 26 日　　单位　元

调整理由	调整总账科目	调整明细科目	调增金额
少提所得税	应交税费	应交所得税	7 500

会计主管　　记账　　审核　　制单

140. 元月 26 日，依据审计意见，调整未分配利润。

证 140

未分配利润调整表

20　　年 1 月 26 日　　　　　　单位 元

调整理由	调整总账科目	调整明细科目	调增金额
少提未分配利润	利润分配	未分配利润	22 500

会计主管　　　　记账　　　　审核　　　　制单

141. 元月 26 日，依据审计意见，调整盈余公积。

证 141

盈余公积调整表

20　　年 1 月 26 日　　　　　　单位 元

调整理由	调整总账科目	调整明细科目	调增金额
少提盈余公积	盈余公积	法定盈余公积 任意盈余公积	2 250 1 125

会计主管　　　　记账　　　　审核　　　　制单

142. 元月 26 日，依据审计意见填制的会计凭证调整数字，编制上年度资产负债表和利润表的调整报表。

证 142$\frac{1}{2}$

资 产 负 债 表

会企01表

编制单位　　　　　　　　　　　　年　月　日　　　　　　　　　　　单位　元

资　　产	调整前余额	调整后余额	负债和所有者权益（或股东权益）	调整前余额	调整后余额
流动资产：			流动负债：		
货币资金			短期借款		
交易性金融资产			交易性金融负债		
应收票据			应付票据		
应收账款			应付账款		
预付款项			预收款项		
应收利息			应付职工薪酬		
应收股利			应交税费		
其他应收款			应付利息		
存　货			应付股利		
一年内到期的非流动资产			其他应付款		
其他流动资产			一年内到期的非流动负债		
流动资产合计			其他流动负债		
非流动资产：			流动负债合计		
可供出售金融资产			非流动负债：		
持有至到期投资			长期借款		
长期应收款			应付债券		
长期股权投资			长期应付款		
投资性房地产			专项应付款		
固定资产			预计负债		
在建工程			递延所得税负债		
工程物资			其他非流动负债		
固定资产清理			非流动负债合计		
生产性生物资产			负债合计		
油气资产			所有者权益（或股东权益）		
无形资产			实收资本		
开发支出			资本公积		
商　誉			减：库存股		
长期待摊费用			其他综合收益		
递延所得税资产			盈余公积		
其他非流动资产			未分配利润		
非流动资产合计			所有者权益（或股东权益）合计		
资产总计			负债和所有者权益（或股东权益）总计		

证 142$\frac{2}{2}$

利　　润　　表

会企02 表

编制单位　　　　年　　月　　　　单位　　元

项　　　　目	调整前金额	调整后金额
一、营业收入		
减：营业成本		
营业税金及附加		
销售费用		
管理费用		
财务费用		
资产减值损失		
加：公允价值变动收益（损失以“－”号填列）		
投资收益（损失以“－”号填列）		
其中：对联营企业和合营企业的投资收益		
二、营业利润（亏损以“－”号填列）		
加：营业外收入		
减：营业外支出		
其中：非流动资产处置损失		
三、利润总额（亏损总额以“－”号填列）		
减：所得税费用		
四、净利润（净亏损以“　”号填列）		
五、其他综合收益的税后净额		
（一）以后不能重分类进损益的其他综合收益		
（二）以后将重分类进损益的其他综合收益		
六、综合收益总额		
七、每股收益：		
（一）基本每股收益		
（二）稀释每股收益		

143. 元月 26 日，收到淮河公司托收承付凭证款。

证 143

第1—02号
托收号码

托收承付凭证（收账通知） **4**

委托日期　20　年1月18日

承付期限
到期20　年1月23日

付款人	全称	合肥淮河公司	收款人	全称	郑州东方公司	
	账号或地址	76516813		账号	684952	
	开户银行	工行合肥市东市分理处		开户银行	工行郑州市中原分理处	行号 82

托收金额	人民币（大写）	千	百	十	万	千	百	十	元	角	分
	肆拾肆万陆仟捌佰元整		¥	4	4	6	8	0	0	0	0

附件		商品发运情况	合同名称号码
附寄单证张数或册数	3	已发运	合淮购字016号

备注：	本托收款项已由付款人开户行全额划回并收入你账户内。 收款人开户银行盖章　　1月26日	科目 对方科目 转账　　年　月　日 单位主管　　会计 复核　　记账

付款人开户银行收到日期 20　　年 1 月 20 日　　　　支付日期 20　　年 1 月 23 日

此联是收款人开户银行在款项收妥后给收款人的收账通知

144. 元月 28 日，支付郑州金属材料加工厂庚材料加工费。

证 $144\frac{1}{3}$

中国工商银行转账支票存根

支票号码　00655886

科　　目

对方科目

出票日期 20　　年 1 月 28 日

收款人：郑州金属材料加工厂
金　额：3 744 元
用　途：付材料加工费

单位主管　　　　会计

证 144$\frac{2}{3}$

河南省增值税专用发票 NO.00331652

发票联

开票日期 20 年 1 月 28 日

购货单位	名称	郑州东方公司	纳税人登记号	410102354333621
	地址电话	郑州市颍河路256号66358216	开户银行及账号	工行郑州市中原分理处684952

货物或应税劳务名称	计量单位	数量	单价	金额						税率（%）	税额					
				千	百	十	元	角	分		千	百	十	元	角	分
庚材料加工费	千克	160	20	3	2	0	0	0	0	17		5	4	4	0	0
合计				3	2	0	0	0	0		¥	5	4	4	0	0

价税合计(大写)	※万叁仟柒佰肆拾肆元零角零分	¥3 744.00

销货单位	名称	郑州金属材料加工厂	纳税人登记号	410108324012359
	地址电话	郑州市南阳路26号68715651	开户银行及账号	工行郑州市邙山分理处710117
备注				

收款人 开票单位（未盖章无效）郑州金属材料加工厂

第二联 发票联 购货方记账凭证

证 144$\frac{3}{3}$

河南省增值税专用发票 NO.00331652

抵扣联

开票日期 20 年 1 月 28 日

购货单位	名称	郑州东方公司	纳税人登记号	410102354333621
	地址电话	郑州市颍河路256号66358216	开户银行及账号	工行郑州市中原分理处684952

货物或应税劳务名称	计量单位	数量	单价	金额						税率（%）	税额					
				千	百	十	元	角	分		千	百	十	元	角	分
庚材料加工费	千克	160	20	3	2	0	0	0	0	17		5	4	4	0	0
合计				3	2	0	0	0	0		¥	5	4	4	0	0

价税合计(大写)	※万叁仟柒佰肆拾肆元零角零分	¥3 744.00

销货单位	名称	郑州金属材料加工厂	纳税人登记号	410108324012359
	地址电话	郑州市南阳路26号68715651	开户银行及账号	工行郑州市邙山分理处710117
备注				

收款人 开票单位（未盖章无效）郑州金属材料加工厂

第三联 抵扣联 购货方作抵扣税款凭证

145．元月 28 日，支付委托加工材料往返运费。

证 $145\frac{1}{3}$

货物运输业增值税专用发票 NO：00003851

发票联

开票日期　　年 1 月 28 日

<table>
<tr><td>承运人及
纳税人识别号</td><td>郑州四通汽运公司
410103522072119</td><td rowspan="2">密码区</td><td colspan="3" rowspan="2"></td></tr>
<tr><td>实际受票方及
纳税人识别号</td><td>郑州东方公司
410102354333621</td></tr>
<tr><td>收货人及
纳税人识别号</td><td>郑州东方公司
410102354333621</td><td colspan="2">发货人及
纳税人识别号</td><td colspan="2">郑州金属材料加工厂
410108324012359</td></tr>
<tr><td>起运地、经由、到达地</td><td colspan="5">本市金属材料加工厂到东方公司</td></tr>
<tr><td>费用项目及金额</td><td>费用项目　　金额
运输费　　169.50</td><td>运输货物信息</td><td colspan="3">甲材料 160 公斤（送往加工）
庚材料 160 公斤（完工运回）</td></tr>
<tr><td>合计金额</td><td>169.50</td><td>税率 11%</td><td>税额 18.65</td><td>机器编号</td><td>681117710117</td></tr>
<tr><td>价税合计（大写）</td><td colspan="5">⊗壹佰捌拾捌元壹角伍分　　（小写）¥188.15</td></tr>
<tr><td>车种车号</td><td>豫 A19356</td><td>车船吨位</td><td></td><td rowspan="2">备注</td><td rowspan="2"></td></tr>
<tr><td>主管税务机关及代码</td><td colspan="3">郑州市国家税务局二七分局
141010300</td></tr>
</table>

收款人：　　复核人：　　开票人：　　承运人：（章）郑州四通汽运公司

第二联　发票联　受票方记账凭证

证 145$\frac{2}{3}$

货物运输业增值税专用发票 NO：00003851

抵扣联

开票日期 年 1 月 28 日

承运人及 纳税人识别号	郑州四通汽运公司 410103522072119	密码区	
实际受票方及 纳税人识别号	郑州东方公司 410102354333621		
收货人及 纳税人识别号	郑州东方公司 410102354333621	发货人及 纳税人识别号	郑州金属材料加工厂 410108324012359
起运地、经由、到达地	本市金属材料加工厂到东方公司		
费用项目及金额	费用项目 金额 运输费 169.50	运输货物信息	甲材料 160 公斤（送往加工） 庚材料 160 公斤（完工运回）

合计金额	169.50	税率	11%	税额	18.65	机器编号	681117710117
价税合计（大写）	⊗壹佰捌拾捌元壹角伍分				（小写）¥188.15		
车种车号	豫 A19356	车船吨位		备注			
主管税务机关及代码	郑州市国家税务局二七分局 141010300						

收款人： 复核人： 开票人： 承运人：（章）郑州四通汽运公司

第三联 抵扣联 受票方抵扣凭证

证 $145\frac{3}{3}$

中国工商银行转账支票存根

支票号码 00655887

科　　目

对方科目

出票日期20　　年 1 月 28 日

收款人：	郑州四通汽运公司
金　额：	188.15 元
用　途：	加工废材料运费

单位主管　　　　会计

146．元月 28 日，收到梁园公司代销商品第二次汇款。

证 146

中国工商银行信汇凭证（收账通知或取款收据） 4　　第　　号　应解汇款编号

委托日期　20　　年 1　月 26 日

					收款人				
汇款人	全称	商丘梁园公司			收款人	全称	郑州东方公司		
	账号或住址	364782				账号或住址	684952		
	汇出地点	河南省商丘市县	汇出行名称	工行商丘市睢阳分理处		汇入地点	河南省郑州市县	汇入行名称	工行郑州市中原分理处

金额	人民币（大写）	捌万伍仟陆佰元整	千	百	十	万	千	百	十	元	角	分
					¥	8	5	6	0	0	0	0

汇款用途：代销商品款

留行待取预留收款人印鉴

此联给收款人的收账通知或取款收据

款项已收入收款人账户	款项已照收无误	科目（借）________
		对方科目（贷）________
		汇入行解汇日期　　年　月　日
汇入行盖章	收款人签章	复核　　　出纳
20　　年1月28日	20　　年1月28日	记账

147. 元月28日，将收回的委托加工材料按计划成本入库。

证 147

委托加工物资入库单

加工单位 郑州金属材料加工厂 验收日期20 年1月28日 单位 元

收回委托加工物资计划成本							收回委托加工物资实际成本								材料成本差异	
入库材料名称	规格型号	单位	数量 应收	数量 实收	计划单位成本	计划成本总额	发出加工材料名称	规格型号	数量	计划成本	成本差异	运费	加工费	实际成本总额	超支	节约
庚材料		千克	160	160	72	11 520	甲材料		160	8 000	80	169.50	3 200	11 449.50		70.50

仓库主管 李明玉 记账 收料 李方 制表 赵亮

148． 元月 29 日，以现金支付公司副经理展飞出差借款。

证 148

借　　款　　单

单位　办公室　　　　20　　　年 1 月 29 日

今借到　财务科

人民币

（大写）　贰仟陆佰元整　　　　　　　　¥2 600.00

借款理由　参加太原会议

公司领导　燕鸽　　　单位主管　　　　借款人　展飞

二　会计记账

149． 元月 29 日，收到长江公司购货款，所购货物自行运回，已开具增值税专用发票。

证 149$\frac{1}{3}$

中国工商银行信汇凭证（收账通知 或取款收据）　4

第　　　号

应解汇款编号

委托日期　20　　　年 1 月 26 日

汇款人	全称	南京长江公司			收款人	全　称	郑州东方公司										
	账号或住址	36948236				账　号或住址	684952										
	汇出地点	江苏省南京市县	汇出行名称	工行南京市栖霞分理处		汇入地点	河南省郑州市县	汇入行名称	工行郑州市中原分理处								
金额	人民币（大写）	伍拾伍万伍仟柒佰伍拾元整						千	百	十	万	千	百	十	元	角	分
									¥	5	5	5	7	5	0	0	0

汇款用途：购货款

留行待取预留收款人印鉴

款项已收入收款人账户

汇入行盖章

20　　　年1月29日

款项已照收无误

收款人签章

20　　　年1月29日

科目（借）

对方科目（贷）

汇入行解汇日期　　年　月　日

复核　　　　出纳

记账

此联给收款人的收账通知或取款收据

证 149 $\frac{2}{3}$

河南省增值税专用发票

NO. 00315222

开票日期 20 年 1 月 29 日

购货单位	名称	南京长江公司	纳税人登记号	320113369912108
	地址电话	南京市应天路36号 85826339	开户银行及账号	工行南京市栖霞分理处 36948236

货物或应税劳务名称	计量单位	数量	单价	金额								税率（%）	税额							
				十	万	千	百	十	元	角	分		十	万	千	百	十	元	角	分
甲产品	只	500	350	1	7	5	0	0	0	0	0	17		2	9	7	5	0	0	0
丙产品	只	2 000	150	3	0	0	0	0	0	0	0	17		5	1	0	0	0	0	0
合计				4	7	5	0	0	0	0	0		¥	8	0	7	5	0	0	0
价税合计（大写）	※佰伍拾伍万伍仟柒佰伍拾零元零角零分													¥555 750.00						

销货单位	名称	郑州东方公司	纳税人登记号	410102354333621
	地址电话	郑州市颍河路56号 66358216	开户银行及账号	工行郑州市中原分理处 684952
备注				

收款人　　开票单位（未盖章无效）郑州东方公司

第四联 记账联 销货方记账凭证

证 149 $\frac{3}{3}$

产成品销售出库单

NO.1－008

购货单位 南京长江公司　　20 年1月29日

产品名称	规格型号	计量单位	出库数量		备注
			应出库	实出库	
甲产品		只	500	500	自提
丙产品		只	2 000	2 000	

仓库主管 吕美　　发货 周庆　　提货　　制单 肖笑

二 会计记账

150． 元月 29 日，榕城公司托收凭证中材料单价计算错误，办理部分拒付手续。

证 $150\frac{1}{9}$

托收承付/委托收款 结算 全部/部分 拒绝付款理由书（回单或付款通知） 1

拒付日期 20 年1月29日 原托收号码

付款人	全称	郑州东方公司		收款人	全称	福州榕城公司	
	账号	684952			账号	916249	
	开户银行	工行郑州市中原分理处	行号 82		开户银行	工行福州市仓山分理处	行号 632
托收金额	192 223.98 元	拒付金额	3 510 元	部分付款金额	千百十万千百十元角分	¥188713 98	
附寄单证	1 张	部分付款金额（大写）	壹拾捌万捌仟柒佰壹拾叁元玖角捌分				

拒付理由：甲材料合同价格为每千克 48 元，发票每千克 49.50 元，多计材料价款 3 000 元，增值税 510 元，拒付金额 3 510 元。

付款人盖章

此联银行给付款人的回单或付款通知

证 $150\frac{2}{9}$

邮

托收承付凭证（承付/支款 通知）5

第 号

托收号码

承付期限

到期 20 年1月29日

委托日期 20 年1月20日

付款人	全称	郑州东方公司	收款人	全称	福州榕城公司
	账号或地址	684952		账号	916249
	开户银行	工行郑州市中原分理处		开户银行	工行福州市仓山分理处 行号 632
托收金额	人民币（大写）	壹拾玖万贰仟贰佰贰拾叁元玖角捌分		千百十万千百十元角分	¥19222398

附件		商品发运情况	合同名称号码
附寄单证张数或册数	4	货已发运	福榕销字 036 号

备注：

付款人注意：
1.根据结算办法规定，上列托收款项，在承付期限内未拒付时，即视同全部承付。如系全额支付即以此联代支款通知；如遇延付或部分支付时，再由银行另送延付或部分支付的支款通知。
2.如需提前承付或多承付时，应另写书面通知送银行办理。
3.如系全部或部分拒付，应在承付期限内另填拒绝承付理由书送银行办理。

单位主管 会计 复核 记账 付款人开户行银行盖章 月 日

此联是付款人开户银行通知付款人按期承付货款的承付（支款）通知

证 $150\frac{3}{9}$

开具红字增值税专用发票通知单

填开日期：　　　年 1 月 28 日　　　　NO.00495136

<table>
<tr><td rowspan="2">销售方</td><td>名　称</td><td>福州榕城公司</td><td rowspan="2">购买方</td><td>名　称</td><td colspan="2">郑州东方公司</td></tr>
<tr><td>税务登记代码</td><td>350104324012136</td><td>税务登记代码</td><td colspan="2">410102354333621</td></tr>
<tr><td rowspan="2">开具红字专用发票内容</td><td>货物（劳务）名称</td><td>数量</td><td>单价</td><td>金额</td><td>税率</td><td>税额</td></tr>
<tr><td>甲材料</td><td>2 000</td><td>1.50</td><td>3 000</td><td>17%</td><td>510</td></tr>
<tr><td>说明</td><td colspan="6">一、购买方申请 □
对应蓝字专用发票抵扣增值税销项税额情况:
1.需要作进项税额转出□
2.不需要作进项税额转出□
（1）无法认证□
（2）纳税人识别号认证不符□
（3）增值税专用发票代码、号码认证不符□
（4）所购货物不属于增值税扣税项目范围□
对应蓝字专用发票密码区内打印的代码:
号码:
二、销售方申请 □
（1）因开票有误购买方拒收的□
（2）因开票有误等原因尚未交付的□
对应蓝字专用发票密码区内打印的代码: _
号码: _
开具红字专用发票理由:
甲材料合同价格为每千克 48 元，发票每千克 49.50 元，多计算材料价款 3 000 元，增值税 510 元，拒付金额 3 510 元。</td></tr>
</table>

经办人：常超杰　负责人：刘洋洋　主管税务机关名称（印章）：郑州市国税局

证 150$\frac{4}{9}$

福建省增值税专用发票

NO. 05172462

发票联

开票日期　20　　年 1 月 20 日

购货单位	名　　称	郑州东方公司	纳税人登记号	410102354333621
	地址电话	郑州市颍河路 256 号 66358216	开户银行及账号	工行郑州市中原分理处 684952

货物或应税劳务名称	计量单位	数量	单价	金额								税率（%）	税额							
				十	万	千	百	十	元	角	分		十	万	千	百	十	元	角	分
甲材料	千克	2 000	49.50		9	9	0	0	0	0	0	17		1	6	8	3	0	0	0
乙材料	千克	1 000	45		4	5	0	0	0	0	0	17			7	6	5	0	0	0
戊材料	千克	1 000	18		1	8	0	0	0	0	0	17			3	0	6	0	0	0
合　计				1	6	2	0	0	0	0	0		¥	2	7	5	4	0	0	0
价税合计（大写）	※佰壹拾捌万玖仟伍佰肆拾零元零角零分　¥189 540.00																			

销货单位	名　　称	福州榕城公司	纳税人登记号	350104324012136
	地址电话	福州市象园路 92 号 86925156	开户银行及账号	工行福州市仓山分理处 916249
备注				

收款人　　　　开票单位（未盖章无效）福州榕城公司

第二联　发票联　购货方记账凭证

证 150$\frac{5}{9}$

福建省增值税专用发票

NO. 05172462

抵扣联

开票日期　20　　年 1 月 20 日

购货单位	名　　称	郑州东方公司	纳税人登记号	410102354333621
	地址电话	郑州市颍河路 256 号 66358216	开户银行及账号	工行郑州市中原分理处 684952

货物或应税劳务名称	计量单位	数量	单价	金额								税率（%）	税额							
				十	万	千	百	十	元	角	分		十	万	千	百	十	元	角	分
甲材料	千克	2 000	49.50		9	9	0	0	0	0	0	17		1	6	8	3	0	0	0
乙材料	千克	1 000	45		4	5	0	0	0	0	0	17			7	6	5	0	0	0
戊材料	千克	1 000	18		1	8	0	0	0	0	0	17			3	0	6	0	0	0
合　计				1	6	2	0	0	0	0	0		¥	2	7	5	4	0	0	0
价税合计（大写）	※佰壹拾捌万玖仟伍佰肆拾零元零角零分　¥189 540.00																			

销货单位	名　　称	福州榕城公司	纳税人登记号	350104324012136
	地址电话	福州市象园路 92 号 86925156	开户银行及账号	工行福州市仓山分理处 916249
备注				

收款人　　　　开票单位（未盖章无效）福州榕城公司

第三联　抵扣联　购货方作抵扣税款凭证

证 150$\frac{6}{9}$

货物运输业增值税专用发票 NO：00006218

发票联

开票日期　　年 1 月 20 日

承运人及 纳税人识别号	福州永达汽运公司 350104522072108	密码区	
实际受票方及 纳税人识别号	郑州东方公司 410102354333621		
收货人及 纳税人识别号	郑州东方公司 410102354333621	发货人及 纳税人识别号	福州榕城公司 350104324012136
起运地、经由、到达地	福州经南昌、武汉到郑州		
费用项目及金额	费用项目　金额 运输费　2 418.00	运输货物信息	甲材料 2 000 公斤 乙材料 1 000 公斤 戊材料 1 000 公斤

合计金额	2 418.00	税率	11%	税额	265.98	机器编号	515200000681
价税合计（大写）	⊗贰仟陆佰捌拾叁元玖角捌分				（小写）¥2 683.98		
车种车号	闽 A18630	车船吨位		备注			
主管税务机关及代码	福州市国家税务局仓山分局 135010400						

收款人：　　复核人：　　开票人：　　承运人：（章）福州永达汽运公司

第二联 发票联 受票方记账凭证

证 150$\frac{7}{9}$

货物运输业增值税专用发票 NO：00006218

抵扣联

开票日期 年1月20日

承运人及 纳税人识别号	福州永达汽运公司 350104522072108	密码区	
实际受票方及 纳税人识别号	郑州东方公司 410102354333621		
收货人及 纳税人识别号	郑州东方公司 410102354333621	发货人及 纳税人识别号	福州榕城公司 350104324012136
起运地、经由、到达地	福州经南昌、武汉到郑州		
费用项目及金额	费用项目 金额 运输费 2 418.00	运输货物信息	甲材料 2 000公斤 乙材料 1 000公斤 戊材料 1 000公斤

合计金额	2 418.00	税率	11%	税额	265.98	机器编号	515200000681
价税合计（大写）	⊗贰仟陆佰捌拾叁元玖角捌分				（小写）¥2 683.98		
车种车号	闽A18630	车船吨位		备注			
主管税务机关及代码	福州市国家税务局仓山分局 135010400						

收款人： 复核人： 开票人： 承运人（章）福州永达汽运公司

第三联 抵扣联 受票方抵扣凭证

证 150$\frac{8}{9}$

材料采购运杂费分配表

20 年1月29日 单位 元

材料名称	分配标准（重量）	分配率	分配金额
甲材料 乙材料 戊材料	2 000 1 000 1 000		1 209 604.50 604.50
合 计	4 000	0.6045	2 418

会计主管 审核 制表

证 150$\frac{9}{9}$

材料采购成本计算表

20　　年1月29日　　　　单位　元

材料名称	规格型号	单位	数量	买价	运费	实际成本	单位成本
甲材料		千克	2 000	96 000	1 209	97 209	48.6045
乙材料		千克	1 000	45 000	604.50	45 604.50	45.6045
戊材料		千克	1 000	18 000	604.50	18 604.50	18.6045

会计主管　　　　审核　　　　制表

151. 元月29日，甲材料、乙材料、戊材料验收入库。

证 151

东方公司收料单

供应单位　福州榕城公司

发票号码 05172462　　　验收日期　20　　　年1月29日　　　编号1－010

材料名称	规格型号	单位	数量		实际成本				计划成本		材料成本差异	
			应收	实收	单价	买价	运费	合计	单价	合计	超支	节约
甲材料		千克	2 000	2 000	48	96 000	1 209	97 209	50	100 000		2791
乙材料		千克	1 000	1 000	45	45 000	604.50	45 604.50	46	46 000		395.50
戊材料		千克	1 000	1 000	18	18 000	604.50	18 604.50	20	20 000		1 395.50
合计						159 000	2 418	161 418		166 000		4582

仓库主管　李明玉　　记账　　　收料　李方　　业务采购　常亮

152. 元月29日，办公室刘燕报销差旅费并退回借款余额。

证 $152\frac{1}{2}$

差旅费报销单

姓名 刘燕　职务 副主任　20　年1月29日　单位 元

起讫时间地点						在途补助		住勤补助		车船费		住宿费		会议费		其他	
月	日	起点	月	日	终点	天数	金额	天数	金额	张数	金额	张数	金额	张数	金额	张数	金额
1	20	郑州	1	20	北京	1	40	7	210	1	220	1	560	1	350		
1	27	北京	1	27	郑州	1	40			1	220						
小计						2	80	7	210	2	440	1	560	1	350		
合计人民币（大写）壹仟陆佰肆拾元整												¥1 640.00					
出差事由　北京开会								预借 2 000　核销 1 640　应补（退）360									

公司领导 燕鸽　会计主管　审核　报销人 刘燕

证 $152\frac{2}{2}$

收据

NO.00005686

20　年1月29日

今收到 刘　燕

人民币

（大写）叁佰陆拾元整　¥360.00

系　收 退回借款余额

二 会计记账

收款单位（盖章）公司财务科　出纳　经手人 刘燕

153. 元月 29 日，向海河公司销售商品，已办妥托收承付凭证手续。

证 $153\frac{1}{3}$

第 1－03 号

电　　**托收承付**凭证（回单）　**1**　　托收号码

委托日期　20　　年1月29日

付款人	全称	天津海河公司	收款人	全称	郑州东方公司
	账号或地址	624386－2		账号	684952
	开户银行	工行天津市南开分理处		开户银行	工行郑州市中原分理处　行号 82

托收金额	人民币（大写）	千	百	十	万	千	百	十	元	角	分
	叁拾陆万贰仟柒佰元整		¥	3	6	2	7	0	0	0	0

附件		商品发运情况	合同名称号码
附寄单证张数或册数	2	已发出	津海购字 019 号

备注：电划	款项收妥日期　年　月　日	收款人开户银行盖章　月　日

单位主管　　会计　　复核　　记账

此联是收款人开户银行给收款人的回单

证 $153\frac{2}{3}$

河南省增值税专用发票

NO.00315223

开票日期　20　　年 1 月 29 日

购货单位 名称	天津海河公司	纳税人登记号	120104369912123
地址电话	天津市双峰道 18 号 23500616	开户银行及账号	工行天津市南开分理处 624386－2

货物或应税劳务名称	计量单位	数量	单价	金额 十	万	千	百	十	元	角	分	税率（%）	税额 十	万	千	百	十	元	角	分
乙产品	只	1 000	160	1	6	0	0	0	0	0	0	17		2	7	2	0	0	0	0
丙产品	只	1 000	150	1	5	0	0	0	0	0	0	17		2	5	5	0	0	0	0
合计				3	1	0	0	0	0	0	0		¥	5	2	7	0	0	0	0

价税合计（大写）	※佰叁拾陆万贰仟柒佰零拾零元零角零分	¥ 362 700.00

销货单位 名称	郑州东方公司	纳税人登记号	410102354333621
地址电话	郑州市颍河路 256 号 66358216	开户银行及账号	工行郑州市中原分理处 684952
备注			

收款人　　　　开票单位（未盖章无效）郑州东方公司

第四联　记账联　销货方记账凭证

证 153$\frac{3}{3}$

产成品销售出库单

NO.1－009

购货单位 天津海河公司　　　　20　　年1月29日

产品名称	规格型号	计量单位	出库数量		备注
			应出库	实出库	
乙产品		只	1 000	1 000	
丙产品		只	1 000	1 000	

仓库主管　吕美　　发货　周庆　　提货　　　制单　肖笑

二 会计记账

154．元月29日，支付海河公司不负担的购货运费。

证 154$\frac{1}{3}$

中国工商银行转账支票存根

支票号码 00655888

科　　目

对方科目

出票日期20　　年1月29日

收款人：	郑州四通汽运公司
金　额：	1 776 元
用　途：	付销售商品运费

单位主管　　　　会计

证 $154\frac{2}{3}$

货物运输业增值税专用发票 NO：00003896

发票联

开票日期　　　年 1 月 29 日

承运人及纳税人识别号	郑州四通汽运公司 410103522072119	密码区	
实际受票方及纳税人识别号	郑州东方公司 410102354333621		
收货人及纳税人识别号	天津海河公司 120104369912123	发货人及纳税人识别号	郑州东方公司 410102354333621
起运地、经由、到达地	郑州经北京到天津		
费用项目及金额	费用项目　金额 运输费　1 600.00	运输货物信息	乙产品 1 000 只 丙产品 1 000 只
合计金额	1 600.00	税率 11%　税额 176.00	机器编号 681117710117
价税合计（大写）	⊗壹仟柒佰柒拾陆元整	（小写）¥1 776.00	
车种车号	豫 A19412	车船吨位	
主管税务机关及代码	郑州市国家税务局二七分局 141010300	备注	

收款人：　　复核人：　　开票人：　　承运人：（章）郑州四通汽运公司

第二联　发票联　受票方记账凭证

证 154$\frac{3}{3}$

货物运输业增值税专用发票 NO：00003896

抵扣联

开票日期 年1月29日

承运人及纳税人识别号	郑州四通汽运公司 410103522072119			密码区			
实际受票方及纳税人识别号	郑州东方公司 410102354333621						
收货人及纳税人识别号	天津海河公司 120104369912123			发货人及纳税人识别号	郑州东方公司 410102354333621		
起运地、经由、到达地	郑州经北京到天津						
费用项目及金额	费用项目 金额 运输费 1 600.00			运输货物信息	乙产品 1 000 只 丙产品 1 000 只		
合计金额	1 600.00	税率	11%	税额	176.00	机器编号	681117710117
价税合计（大写）	⊗壹仟柒佰柒拾陆元整				（小写）¥1 776.00		
车种车号	豫A19412	车船吨位		备注			
主管税务机关及代码	郑州市国家税务局二七分局 141010300						

收款人： 复核人： 开票人： 承运人：（章）郑州四通汽运公司

第三联 抵扣联 受票方抵扣凭证

155. 元月 30 日，收到山城公司发来已预付货款的材料及购货和运费发票。

证 155 $\frac{1}{6}$

重庆市增值税专用发票

NO.08126528

发票联

开票日期 20 年 1 月 28 日

购货单位	名称	郑州东方公司	纳税人登记号	410102354333621
	地址电话	郑州市颍河路 256 号 66358216	开户银行及账号	工行郑州市中原分理处 684952

货物或应税劳务名称	计量单位	数量	单价	金额								税率（%）	税额							
				十	万	千	百	十	元	角	分		十	万	千	百	十	元	角	分
丙材料	千克	1 000	66		6	6	0	0	0	0	0	17		1	1	2	2	0	0	0
丁材料	千克	2 000	68	1	3	6	0	0	0	0	0	17		2	3	1	2	0	0	0
戊材料	千克	1 000	18.50		1	8	5	0	0	0	0	17			3	1	4	5	0	0
合计				2	2	0	5	0	0	0	0		¥	3	7	4	8	5	0	0
价税合计（大写）	※佰贰拾伍万柒仟玖佰捌拾伍元零角零分 ¥257 985.00																			

销货单位	名称	重庆山城公司	纳税人登记号	500102324012265
	地址电话	重庆市南兴路 156 号 88103621	开户银行及账号	工行重庆市涪陵分理处 16－4938
备注	已收到郑州东方公司预付货款			

收款人 开票单位（未盖章无效）重庆山城公司

第二联 发票联 购货方记账凭证

证 155 $\frac{2}{6}$

重庆市增值税专用发票

NO.08126528

抵扣联

开票日期 20 年 1 月 28 日

购货单位	名称	郑州东方公司	纳税人登记号	410102354333621
	地址电话	郑州市颍河路 256 号 66358216	开户银行及账号	工行郑州市中原分理处 684952

货物或应税劳务名称	计量单位	数量	单价	金额								税率（%）	税额							
				十	万	千	百	十	元	角	分		十	万	千	百	十	元	角	分
丙材料	千克	1 000	66		6	6	0	0	0	0	0	17		1	1	2	2	0	0	0
丁材料	千克	2 000	68	1	3	6	0	0	0	0	0	17		2	3	1	2	0	0	0
戊材料	千克	1 000	18.50		1	8	5	0	0	0	0	17			3	1	4	5	0	0
合计				2	2	0	5	0	0	0	0		¥	3	7	4	8	5	0	0
价税合计（大写）	※佰贰拾伍万柒仟玖佰捌拾伍元零角零分 ¥257 985.00																			

销货单位	名称	重庆山城公司	纳税人登记号	500102324012265
	地址电话	重庆市南兴路 156 号 88103621	开户银行及账号	工行重庆市涪陵分理处 16－4938
备注	已收到郑州东方公司预付货款			

收款人 开票单位（未盖章无效）重庆山城公司

第二联 抵扣联 购货方作抵扣税款凭证

证 155$\frac{3}{6}$

货物运输业增值税专用发票 NO：00009081

发票联

开票日期 年 1 月 28 日

承运人及 纳税人识别号	重庆力达汽运公司 500101520072226		密码区				
实际受票方及 纳税人识别号	郑州东方公司 410102354333621						
收货人及 纳税人识别号	郑州东方公司 410102354333621		发货人及 纳税人识别号	重庆山城公司 500102324012265			
起运地、经由、到达地	重庆经西安到郑州						
费用项目及金额	费用项目 金额 运输费 1 860.00		运输货物信息	丙材料 1 000 公斤 丁材料 2 000 公斤 戊材料 1 000 公斤			
合计金额	1 860.00	税率	11%	税额	204.60	机器编号	820683118803
价税合计（大写）	⊗贰仟零陆拾肆元陆角			（小写）¥2 064.60			
车种车号	渝 A15625	车船吨位		备注			
主管税务机关及代码	重庆市国家税务局万州分局 150010100						

收款人： 复核人： 开票人： 承运人：（章）重庆力达汽运公司

第二联 发票联 受票方记账凭证

证 155 $\frac{4}{6}$

货物运输业增值税专用发票 NO：00009081

抵扣联

开票日期 年 1 月 28 日

承运人及 纳税人识别号	重庆力达汽运公司 500101520072226	密码区	
实际受票方及 纳税人识别号	郑州东方公司 410102354333621		
收货人及 纳税人识别号	郑州东方公司 410102354333621	发货人及 纳税人识别号	重庆山城公司 500102324012265
起运地、经由、到达地	重庆经西安到郑州		
费用项目及金额	费用项目 金额 运输费 1 860.00	运输货物信息	丙材料 1 000 公斤 丁材料 2 000 公斤 戊材料 1 000 公斤

合计金额	1 860.00	税率	11%	税额	204.60	机器编号	820683118803
价税合计（大写）	⊗贰仟零陆拾肆元陆角			（小写）¥2 064.60			
车种车号	渝 A15625	车船吨位		备注			
主管税务机关及代码	重庆市国家税务局万州分局 150010100						

收款人： 复核人： 开票人： 承运人：（章）重庆力达汽运公司

第三联 抵扣联 受票方抵扣凭证

证 155 $\frac{5}{6}$

材料采购运杂费分配表

20 年 1 月 30 日 单位 元

材料名称	分配标准（重量）	分配率	分配金额
丙材料 丁材料 戊材料	1 000 2 000 1 000		465 930 465
合 计	4 000	0.465	1 860

会计主管 审核 制表

证 155$\frac{6}{6}$

材料采购成本计算表

20　年 1 月 30 日　　单位　元

材料名称	规格型号	单位	数量	买价	运费	实际成本	单位成本
丙材料		千克	1 000	66 000	465	66 465	66.465
丁材料		千克	2 000	136 000	930	136 930	68.465
戊材料		千克	1 000	18 500	465	18 965	18.965

会计主管　　审核　　制表

156. 元月 30 日，丙、丁、戊三种材料验收入库。

证 156

东方公司收料单

供应单位　重庆山城公司

发票号码　08126528　　验收日期　20　年1月30日　　编号1－011

材料名称	规格型号	单位	数量		实际成本				计划成本		材料成本差异	
			应收	实收	单价	买价	运费	合计	单价	合计	超支	节约
丙材料		千克	1 000	1 000	66	66 000	465	66 465	68	68 000		1 535
丁材料		千克	2 000	2 000	68	136 000	930	136 930	70	140 000		3 070
戊材料		千克	1 000	1 000	18.50	18 500	465	18 965	20	20 000		1 035
合计						220 500	1 860	222 360		228 000		5 640

二 会计记账

仓库主管　李明玉　　记账　　收料　李方　　业务采购　常亮

157. 元月 30 日，从银行提取现金备用。

证 157

中国工商银行现金支票存根

支票号码 00268128

科　目

对方科目

出票日期 20　　年 1 月 30 日

收款人：	本公司
金　额：	3 000 元
用　途：	备用

单位主管　　　　会计

158. 元月 30 日，支付银龙供水公司水费。

证 $158\frac{1}{5}$

第　号

委托号码

委邮　**委托收款** 凭证（付款通知）5

委托日期　20　　年 1 月 26 日　　付款期限 20　　年 1 月 30 日

付款人	全　称	郑州东方公司	收款人	全　称	郑州银龙供水公司		
	账号或地址	684952		账　号	036×718		
	开户银行	工行郑州市中原分理处		开户银行	工行郑州市二七分理处	行号	693

委收金额	人民币（大写）	千	百	十	万	千	百	十	元	角	分
	叁万捌仟陆佰柒拾元零柒角伍分			¥	3	8	6	7	0	7	5

款项内容	元月份水费	委托收款凭据名称	供水合同 01935 号	附寄单证张数	4

备注：

特约

付款人注意：

1. 应于见票当日通知开户银行划款。
2. 如需拒付，应在规定期限内，将拒付理由书并附债务证明退交开户银行。

此联付款人开户银行给付款人按期付款的通知

单位主管　　会计　　复核　　记账　　付款人开户银行盖章　　月　　日

证 158$\frac{2}{5}$

河南省增值税专用发票 NO.00326216

发票联

开票日期 20 年 1 月 26 日

购货单位	名称	郑州东方公司	纳税人登记号	410102354333621
	地址电话	郑州市颍河路 256 号 66358216	开户银行及账号	工行郑州市中原分理处 684952

货物或应税劳务名称	计量单位	数量	单价	金额								税率(%)	税额							
				十	万	千	百	十	元	角	分		十	万	千	百	十	元	角	分
自来水	立方米	16 850	1.50		2	5	2	7	5	0	0	13			3	2	8	5	7	5
合计				¥	2	5	2	7	5	0	0			¥	3	2	8	5	7	5
价税合计（大写）	※佰※拾贰万捌仟伍佰陆拾零元柒角伍分 ¥28 560.75																			

销货单位	名称	郑州银龙供水公司	纳税人登记号	410103461022215
	地址电话	郑州市解放路 258 号 68128016	开户银行及账号	工行郑州市二七分理处 036×718
备注				

收款人 开票单位（未盖章无效）郑州银龙供水公司

第二联 发票联 购货方记账凭证

证 158$\frac{3}{5}$

河南省增值税专用发票 NO.00326216

抵扣联

开票日期 20 年 1 月 26 日

购货单位	名称	郑州东方公司	纳税人登记号	410102354333621
	地址电话	郑州市颍河路 256 号 66358216	开户银行及账号	工行郑州市中原分理处 684952

货物或应税劳务名称	计量单位	数量	单价	金额								税率(%)	税额							
				十	万	千	百	十	元	角	分		十	万	千	百	十	元	角	分
自来水	立方米	16 850	1.50		2	5	2	7	5	0	0	13			3	2	8	5	7	5
合计				¥	2	5	2	7	5	0	0			¥	3	2	8	5	7	5
价税合计（大写）	※佰※拾贰万捌仟伍佰陆拾零元柒角伍分 ¥28 560.75																			

销货单位	名称	郑州银龙供水公司	纳税人登记号	410103461022215
	地址电话	郑州市解放路 258 号 68128016	开户银行及账号	工行郑州市二七分理处 036×718
备注				

收款人 开票单位（未盖章无效）郑州银龙供水公司

第三联 抵扣联 购货方作抵扣税款凭证

证 $158\frac{4}{5}$

郑州市银龙公司水费结算单

20　　年 1 月 26 日

单位名称　郑州东方公司			计费月份　元月份	
水表起止号码	用水量（立方米）	单价	金额	滞纳金
369485－386335	16 850	1.50	25 275	
人民币（大写）贰万伍仟贰佰柒拾伍元整				

单位主管　　　　审核　　　　制表

证 $158\frac{5}{5}$

郑州市财政局
排放污水设施有偿使用收据

20　　年 1 月 26 日

单位名称　郑州东方公司			计费月份　元月份	
水表起止号码	用水量（立方米）	折排水量（80%）	单价	金额
369485－386335	16 850	13 480	0.75	10 110
人民币（大写）壹万零壹佰壹拾元整				

单位主管　　　　审核　　　　制表

159. 元月 30 日，编制水费分配表。

证 $159\frac{1}{2}$

元月份各部门用水量分配表

20　　年 1 月 30 日　　　　单位　立方米

部门名称	一车间	二车间	修理车间	供电车间	在建工程	公司管理部门	合计
用水量	2 600	1 900	180	20	5 950	6 200	16 850

后勤主管　单管　　　　审核　李正　　　　制表　秦奋

证 $159\frac{2}{2}$

水费分配表

20　　年 1 月 30 日　　　　单位　元

车间部门	用水量（立方米）	分配率	应分配金额
一车间			
二车间			
修理车间			
供电车间			
在建工程			
公司管理部门			
合计			25 275

会计主管　　　　审核　　　　制表

160. 元月 30 日，支付电业部门电费。

证 $160\frac{1}{4}$

委托收款 凭证（付款通知） 5　　第　号

委托号码

委邮　　委托日期 20 年 1 月 26 日　　付款期限 20 年 1 月 30 日

付款人	全称	郑州东方公司	收款人	全称	郑州中原电力公司	
	账号或地址	684952		账号	036×581	
	开户银行	工行郑州市中原分理处		开户银行	工行郑州市二七分理处	行号 693

委收金额	人民币（大写）贰拾壹万陆仟贰佰壹拾陆元整	千	百	十	万	千	百	十	元	角	分
			¥	2	1	6	2	1	6	0	0

款项内容	元月份电费	委托收款凭据名称	供电合同 1296 号	附寄单证张数	3

备注：	付款人注意：
特约	1. 应于见票当日通知开户银行划款。 2. 如需拒付，应在规定期限内，将拒付理由书并附债务证明退交开户银行。

单位主管　会计　复核　记账　付款人开户行银行盖章　月　日

此联付款人开户银行给付款人按期付款的通知

证 $160\frac{2}{4}$

中原电力公司电费结算单

20 年 1 月 26 日

单位名称	郑州东方公司	类别 工业	计费月份 元月份
电表起止数码	用电量（度）	单价	金额
动力 2 612 470－2 892 470	280 000	0.56	156 800
照明 294 180－350 180	56 000	0.50	28 000
人民币（大写）壹拾捌万肆仟捌佰元整			¥184 800.00

单位主管　　审核　　制表

证 $160\frac{3}{4}$

河南省增值税专用发票 NO:00327531

发票联

开票日期 20 年 1 月 26 日

购货单位			
名称	郑州东方公司	纳税人登记号	410102354333621
地址电话	郑州市颍河路256号 66358216	开户银行及账号	工行郑州市中原分理处 684952

货物或应税劳务名称	计量单位	数量	单价	金额								税率(%)	税额							
				十	万	千	百	十	元	角	分		十	万	千	百	十	元	角	分
动力电	度	280 000	0.56	1	5	6	8	0	0	0	0	17		2	6	6	5	6	0	0
照明电	度	56 000	0.50		2	8	0	0	0	0	0	17			4	7	6	0	0	0
合计				1	8	4	8	0	0	0	0		¥	3	1	4	1	6	0	0
价税合计（大写）	※佰贰拾壹万陆仟贰佰壹拾陆元零角零分												¥216 216.00							

销货单位			
名称	郑州中原电力公司	纳税人登记号	410103441116126
地址电话	郑州市淮河路9号 66539211	开户银行及账号	工行郑州市二七分理处 036×581
备注			

收款人　　　　开票单位（未盖章无效）郑州中原电力公司

第二联 发票联 购货方作记账凭证

证 $160\frac{4}{4}$

河南省增值税专用发票 NO:00327531

抵扣联

开票日期 20 年 1 月 26 日

购货单位			
名称	郑州东方公司	纳税人登记号	410102354333621
地址电话	郑州市颍河路256号 66358216	开户银行及账号	工行郑州市中原分理处 684952

货物或应税劳务名称	计量单位	数量	单价	金额								税率(%)	税额							
				十	万	千	百	十	元	角	分		十	万	千	百	十	元	角	分
动力电	度	280 000	0.56	1	5	6	8	0	0	0	0	17		2	6	6	5	6	0	0
照明电	度	56 000	0.50		2	8	0	0	0	0	0	17			4	7	6	0	0	0
合计				1	8	4	8	0	0	0	0		¥	3	1	4	1	6	0	0
价税合计（大写）	※佰贰拾壹万陆仟贰佰壹拾陆元零角零分												¥216 216.00							

销货单位			
名称	郑州中原电力公司	纳税人登记号	410103441116126
地址电话	郑州市淮河路9号 66539211	开户银行及账号	工行郑州市二七分理处 036×581
备注			

收款人　　　　开票单位（未盖章无效）郑州中原电力公司

第三联 抵扣联 购货方作抵扣税款凭证

161. 元月 30 日，编制电费分配表。

证 $161\frac{1}{2}$

车间、部门用电量分配表

20　　年 1 月 30 日　　　　单位　度

车间部门	一车间			二车间		修理车间		在建工程		公司	合计
	甲产品	乙产品	照明	丙产品	照明	设备	照明	设备	照明	照明	
动力电	88 000	80 000		84 000		24 000		4 000			280 000
照明电			18 200		8 600		4 500		1 500	23 200	56 000

单位主管　　　　审核　　　　制表

证 $161\frac{2}{2}$

电费分配表

20　　年 1 月 30 日　　　　单位　元

车间部门	动力电	分配率	应分配金额	照明电	分配率	应分配金额
一车间						
甲产品						
乙产品						
二车间						
丙产品						
修理车间						
修理劳务						
在建工程						
公司管理部门						
合计						

会计主管　　　　记账　　　　审核　　　　制表

162. 元月 30 日，支付元月份电话费。

证 $162\frac{1}{3}$

委邮　**委托收款** 凭证（付款通知）5　　第　　号　委托号码

委托日期 20　　年 1 月 26 日　　付款期限 20　　年 1 月 30 日

付款人	全　　称	郑州东方公司	收款人	全　　称	郑州电信公司		
	账号或地址	684952		账　　号	036×388		
	开户银行	工行郑州市中原分理处		开户银行	工行郑州市二七分理处	行号	693

委收金额	人民币（大写）壹万伍仟伍佰元整	千	百	十	万	千	百	十	元	角	分
				¥	1	5	5	0	0	0	0

款项内容	元月份电话费	委托收款凭据名称	电信合同 2146 号	附寄单证张数	1

备注：	付款人注意：
特约	1. 应于见票当日通知开户银行划款。 2. 如需拒付，应在规定期限内，将拒付理由书并附债务证明退交开户银行。

单位主管　　会计　　复核　　记账　　付款人开户行银行盖章　1 月 30 日

此联付款人开户银行给付款人按期付款的通知

证 $162\frac{2}{3}$

河南省增值税专用发票　　NO. 00328518

发　票　联

开票日期 20　　年 1 月 26 日

购货单位	名　　称：郑州东方公司 纳税人识别号：410102354333621 地址、电话：郑州市颍河路 256 号 66358216 开户行及账号：工行郑州市中原分理处 684952	密码区	（略）

货物及应税劳务名称	规格型号	单位	数量	单价	金额	税率	税额
基础电信服务	普通电话	分钟	46 002	0.18	8 280.36	11%	910.84
	长途电话	分钟	21 860	0.26	5 683.60	11%	625.20
合　计					¥13 963.96		¥1 536.04
价税合计（大写）⊗壹万伍仟伍佰元整					（小写）¥15 500.00		

销货单位	名　　称：中国电信股份有限公司郑州分公司 纳税人识别号：410105606011326 地址、电话：郑州市东风路 68 号　66514968 开户行及账号：工行郑州市金水分理处　396×69	备注	

收款人：　　复核：　　开票人：　　销货单位(章)

第一联　发票联　购货方记账凭证

证 $162\frac{3}{3}$

河南省增值税专用发票

NO. 00328518

抵　扣　联

开票日期　　　年 1 月 26 日

购货单位	名　　称：郑州东方公司 纳税人识别号：410102354333621 地址、电话：郑州市颍河路256号 66358216 开户行及账号：工行郑州市中原分理处 684952	密码区	（略）

货物及应税劳务名称	规格型号	单位	数量	单价	金额	税率	税额
基础电信服务	普通电话	分钟	46 002	0.18	8 280.36	11%	910.84
	长途电话	分钟	21 860	0.26	5 683.60	11%	625.20
合　计					¥13 963.96		¥1 536.04

价税合计（大写）⊗壹万伍仟伍佰元整　　（小写）¥15 500.00

销货单位	名　　称：中国电信股份有限公司郑州分公司 纳税人识别号：410105606011326 地址、电话：郑州市东风路68号 66514968 开户行及账号：工行郑州市金水分理处 396×69	备注	

收款人：　　复核：　　开票人：　　销货单位(章)

第二联 抵扣联 购货方抵扣凭证

163. 元月31日，一车间、二车间完工产成品验收入库。

证 $163\frac{1}{2}$

产成品入库单

交货单位　一车间　　20　年1月31日　　编号 1－011

产品名称	规格型号	计量单位	交送数量	检验结果		实收数量
				合格	不合格	
甲产品		只	550	550		550
乙产品		只	1 200	1 200		1 200

仓库保管员　凤虹　　质检员　严立　　车间经办人　丰环

二 会计记账

证 $163\frac{2}{2}$

产成品入库单

交货单位　二车间　　20　年1月31日　　编号 1－012

产品名称	规格型号	计量单位	交送数量	检验结果		实收数量
				合格	不合格	
丙产品		只	1 100	1 100		1 100

仓库保管员　凤虹　　质检员　严立　　车间经办人　向阳

二 会计记账

164. 元月 31 日，向郑州金水河公司售出丙产品，收到银行进账单（收账通知）。

证 164$\frac{1}{3}$

中国工商银行**进账单**（收账通知） 1

20　　年1月31日　　　　第1－05号

出票人	全称	郑州金水河公司	收款人	全称	郑州东方公司
	账号	710296		账号	684952
	开户银行	工行郑州市邙山分理处		开户银行	工行郑州市中原分理处

人民币（大写）	千	百	十	万	千	百	十	元	角	分
叁万伍仟壹佰元整			¥	3	5	1	0	0	0	0

票据种类	转账支票	
票据张数	1	
单位主管　会计　复核　记账		收款人开户行盖章

此联是收款人开户银行交给收款人的收账通知

证 164$\frac{2}{3}$

河南省增值税专用发票　NO. 00315224

开票日期　20　　年 1 月 31 日

购货单位	名称	郑州金水河公司	纳税人登记号	410108673331361
	地址电话	郑州市沙口路 118 号 68181165	开户银行及账号	工行郑州市邙山分理处 710296

货物或应税劳务名称	计量单位	数量	单价	金额 十	万	千	百	十	元	角	分	税率（%）	税额 十	万	千	百	十	元	角	分
丙产品	只	200	150		3	0	0	0	0	0	0	17			5	1	0	0	0	0
合计				¥	3	0	0	0	0	0	0			¥	5	1	0	0	0	0
价税合计（大写）	※佰※拾叁万伍仟壹佰零拾零元零角零分　¥35 100.00																			

销货单位	名称	郑州东方公司	纳税人登记号	410102354333621
	地址电话	郑州市颍河路 256 号 66358216	开户银行及账号	工行郑州市中原分理处 684952
备注				

收款人　　　　开票单位（未盖章无效）郑州东方公司

第四联　记账联　销货方记账凭证

证 164$\frac{3}{3}$

产成品销售出库单

NO. 1－010

购货单位 郑州金水河公司　　　　20　　年1月31日

产品名称	规格型号	计量单位	出库数量		备注
			应出库	实出库	
丙产品		只	200	200	自提

仓库主管 吕美　发货 周庆　提货　　制单 肖笑

二 会计记账

165. 元月31日，向河南济水公司出售材料一批，收到银行进账单（收账通知）。

证 165$\frac{1}{2}$

中国工商银行进账单（收账通知） 1

20　　年1月31日　　　　第1－06号

出票人			收款人		
	全称	河南济水公司		全称	郑州东方公司
	账号	689135		账号	684952
	开户银行	工行郑州市中原分理处		开户银行	工行郑州市中原分理处

人民币（大写）	千	百	十	万	千	百	十	元	角	分
叁万叁仟玖佰叁拾元整			¥	3	3	9	3	0	0	0

票据种类	转账支票
票据张数	1

单位主管　会计　复核　记账　　　收款人开户行盖章

此联是收款人开户银行交给收款人的收账通知

证 165$\frac{2}{2}$

河南省增值税专用发票

NO.00315225

开票日期　20　年 1 月 31 日

购货单位				
购货单位	名　称	河南济水公司	纳税人登记号	410102369912316
	地址电话	郑州市中原路 81 号 68547388	开户银行及账号	工行郑州市中原分理处 689135

货物或应税劳务名称	计量单位	数　量	单价	金　额								税率（%）	税　额							
				十	万	千	百	十	元	角	分		十	万	千	百	十	元	角	分
甲材料	千克	200	60		1	2	0	0	0	0	0	17			2	0	4	0	0	0
丁材料	千克	200	85		1	7	0	0	0	0	0	17			2	8	9	0	0	0
合　计				¥	2	9	0	0	0	0	0			¥	4	9	3	0	0	0

价税合计（大写）	※佰※拾叁万叁仟玖佰叁拾零元零角零分　¥33 930.00			
销货单位	名　称	郑州东方公司	纳税人登记号	410102354333621
	地址电话	郑州市颍河路 256 号 66358216	开户银行及账号	工行郑州市中原分理处 684952
备注				

收款人　　　　开票单位（未盖章无效）郑州东方公司

第四联　记账联　销货方记账凭证

166. 元月 31 日，结转售出甲材料、丁材料成本。

证 166

销售材料出库单

购货单位　河南济水公司　20　年 1 月 31 日　NO. 1-001

材料名称	规格型号	单位	数量	售价		计划成本	
				单位售价	合计	单位成本	合计
甲材料		千克	200	60	12 000	50	10 000
丁材料		千克	200	85	17 000	70	14 000

仓库主管　李明玉　　记账　　发料　邹华　　制单　赵亮

二　会计记账

167. 元月 31 日，将盘盈现金转为盘盈利得。

证 167

库存现金盘点报告表

20　　年 1 月 31 日　　　　单位　元

账存金额	实存金额	账实对比		公司领导审批意见
		盘盈	盘亏	
8 034.43	8 134.43	100		同意转为盘盈利得 燕鸽 1 月 31 日

财务主管（签章）　　盘点人（签章）　　出纳（签章）

168. 元月 31 日，支付一车间万能磨床修理费。

证 $168\frac{1}{3}$

中国工商银行转账支票存根

支票号码 00655889

科　　目

对方科目

出票日期 20　　年 1 月 31 日

收款人：郑州机床设备公司
金　额：7020 元
用　途：设备修理费

单位主管　　会计

证 $168\frac{2}{3}$

河南省增值税专用发票 NO.00325511

发票联

开票日期 20 年 1月 31日

购货单位				
购货单位	名称	郑州东方公司	纳税人登记号	410102354333621
	地址电话	郑州市颍河路256号66358216	开户银行及账号	工行郑州市中原分理处684952

货物或应税劳务名称	计量单位	数量	单价	金额						税率(%)	税额					
				千	百	十	元	角	分		千	百	十	元	角	分
修理万能磨床	台	1	6000	6	0	0	0	0	0	17	1	0	2	0	0	0
合计				6	0	0	0	0	0		1	0	2	0	0	0

价税合计(大写) ※万柒仟零佰贰拾零元零角零分 ¥7 020.00

销货单位				
销货单位	名称	郑州机床设备公司	纳税人登记号	410108352122312
	地址电话	郑州市东风路163号66213572	开户银行及账号	工行郑州市邙山分理处718245
备注				

收款人 开票单位（未盖章无效）郑州机床设备公司

第二联 发票联 购货方记账凭证

证 $168\frac{3}{3}$

河南省增值税专用发票 NO.00325511

抵扣联

开票日期 20 年 1月 31日

购货单位				
购货单位	名称	郑州东方公司	纳税人登记号	410102354333621
	地址电话	郑州市颍河路256号66358216	开户银行及账号	工行郑州市中原分理处684952

货物或应税劳务名称	计量单位	数量	单价	金额						税率(%)	税额					
				千	百	十	元	角	分		千	百	十	元	角	分
修理万能磨床	台	1	6000	6	0	0	0	0	0	17	1	0	2	0	0	0
合计				6	0	0	0	0	0		1	0	2	0	0	0

价税合计(大写) ※万柒仟零佰贰拾零元零角零分 ¥7 020.00

销货单位				
销货单位	名称	郑州机床设备公司	纳税人登记号	410108352122312
	地址电话	郑州市东风路163号66213572	开户银行及账号	工行郑州市邙山分理处718245
备注				

收款人 开票单位（未盖章无效）郑州机床设备公司

第三联 抵扣联 购货方作抵扣税款凭证

169. 元月 31 日，支付元月份一年期借款利息。

证 169

中国工商银行贷款利息通知单

20　　年 1 月 31 日

户　　名	郑州东方公司	账号	684952
利息计息时间	20　　年1月1日起 20　　年1月31日止	利息积数 4 500 000	利率 5.31%
利息金额	人民币（大写）陆佰陆拾叁元柒角伍分		
以上利息已从你单位存款账户扣除 银行盖章 20　　年 1 月 31 日	科目 ________________ 对方科目 ____________ 记账　复核　制单		

十	万	千	百	十	元	角	分
		¥	6	6	3	7	5

170. 元月 31 日，收到元月份银行存款利息。

证 170

中国工商银行存款利息通知单

20　　年 1 月 31 日

户　　名	郑州东方公司	账号	684952
利息计息时间	20　　年1月1日起 20　　年1月31日止	利息积数 34 949 841.04	利率 0.36%
利息金额	人民币（大写）叁佰肆拾玖元伍角整		
以上利息已存入你单位账户 银行盖章 20　　年 1 月 31 日	科目 ________________ 对方科目 ____________ 记账　复核　制单		

十	万	千	百	十	元	角	分
		¥	3	4	9	5	0

171. 元月 31 日，支付银行结算手续费。

证 171

中国工商银行邮电费、手续费（付款通知）

20　　年 1 月 31 日

缴款单位名称　郑州东方公司											账号　684952
结算内容	单价	笔数	金额								款项已从你单位账户划出 收款银行（盖章） 20　　年 1 月 31 日
			十	万	千	百	十	元	角	分	
托收、委托（邮）	4.80	3					1	4	4	0	
托收、委托（电）	11.20	1					1	1	2	0	
信汇	2.40	2						4	8	0	
电汇	4.80										
银行汇票	2.40	1						2	4	0	
银行本票	2.40										
合计						¥	3	2	8	0	
人民币（大写）　叁拾贰元捌角整											

172. 元月 31 日，计提无形资产摊销额。

证 172

无形资产摊销计算表

20　　年 1 月 31 日　　　　单位　元

无形资产名称	原值	使用年限	月摊销额	备注
甲产品专利权	240 000	10	2 000	

会计主管　　　　记账　　　　审核　　　　制表

173. 元月 31 日，根据固定资产明细账有关资料及规定的折旧率编制固定资产折旧计算表。

证 173

固定资产折旧计算表

20　　年 1 月 31 日　　　　　　　　单位　元

固定资产类别	原值	月折旧率	月折旧额	其中									
				一车间		二车间		修理车间		供电车间		公司管理部门	
				原值	月折旧额	原值	月折旧额	原值	月折旧额	原值	月折旧额	原值	月折旧额
房屋													
厂房	380 000	0.2%	760	100 000	200	100 000	200	100 000	200	80 000	160		
办公楼	520 000	0.2%	1 040									520 000	1 040
仓库	200 000	0.2%	400									200 000	400
小计	1 100 000		2 200	100 000	200	100 000	200	100 000	200	80 000	160	720 000	1 440
建筑物													
围墙	100 000	0.4%	400									100 000	400
水塔	140 000	0.4%	560									140 000	560
小计	240 000		960									240 000	960

续表

固定资产类别	原值	月折旧率	月折旧额	其中									
				一车间		二车间		修理车间		供电车间		公司管理部门	
				原值	月折旧额	原值	月折旧额	原值	月折旧额	原值	月折旧额	原值	月折旧额
机器设备													
专用设备	750 000	1 %	7 500	500 000	5 000	250 000	2 500						
C620车床	870 000	1 %	8 700	450 000	4 500	300 000	3 000	120 000	1 200				
C630车床	150 000	1 %	1 500	150 000	1 500								
C650车床	80 000	1 %	800	80 000	800								
万能磨床	120 000	1 %	1 200	120 000	1 200								
平面磨床	120 000	1 %	1 200			60 000	600	60 000	600				
万能铣床	130 000	1 %	1 300					130 000	1 300				
刨床	50 000	1 %	500	30 000	300	10 000	100	10 000	100				
发电机组	200 000	1 %	2 000							200 000	2 000		
小计	2470 000		24 700	1 330 000	13 300	620 000	6 200	320 000	3 200	200 000	2 000		
运输设备													
东风牌货车	210 000	1.24%	2 604									210 000	2 604
雪铁龙轿车	140 000	1.24%	1 736									140 000	1 736
小计	350 000		4 340									350 000	4 340
合计	4 160 000		32 200	1 430 000	13 500	720 000	6 400	420 000	3 400	280 000	2 160	1 310 000	6 740

会计主管　　　　记账　　　　审核　　　　制表

174. 元月 31 日，根据原材料明细账、委托加工物资明细账、低值易耗品明细账、材料成本差异明细账有关资料，计算本月原材料成本差异率和低值易耗品成本差异率（保留三位小数）。

证 $174\frac{1}{2}$

原材料成本差异率计算表

20　　年 1 月 31 日　　　　单位　元

月初结存材料		本月购入材料		在建工程领料		发出委托加工材料		收回委托加工材料		合计		材料成本差异率	
计划成本	材料成本差异	计划成本	材料成本差异	计划成本	材料成本差异	计划成本	材料成本差异	计划成本	材料成本差异	计划成本	材料成本差异	超支（%）	节约（%）

会计主管　　　　审核　　　　制表

证 174$\frac{2}{2}$

低值易耗品成本差异率计算表

20　　年 1 月 31 日

月初结存		本月购入		合计		成本差异率	
计划成本	成本差异	计划成本	成本差异	计划成本	成本差异	超支（%）	节约（%）

会计主管　　　　审核　　　　制表

175. 元月 31 日，根据低值易耗品明细账有关资料，计算发出低值易耗品计划成本应负担的材料成本差异。

证 175

领用低值易耗品计划成本应负担成本差异计算表

20　　年 1 月 31 日　　　　单位 元

车间名称	领用低值易耗品计划成本				成本差异率	成本差异额		
	工作服	刃具	游标卡尺	盒尺		工作服	其他	合计
一车间								
二车间								
修理车间								
供电车间								
合计								

会计主管　　　　记账　　　　审核　　　　制表

176. 元月 31 日，根据原材料明细账有关资料，计算领用及出售原材料计划成本应负担的材料成本差异。

证 176

领用（出售）材料计划成本应负担成本差异计算表

20　　年 1 月 31 日　　　　单位　元

领料单位		领用材料计划成本								成本差异率%	成本差异额
		甲材料	乙材料	丙材料	丁材料	戊材料	汽油	柴油	合计		
一车间	甲产品用料										
	乙产品用料										
	一般耗用										
二车间	丙产品用料										
	一般耗用										
修理车间	修理劳务用料										
	一般耗用										
供电车间	生产电力用料										
	一般耗用										
对外销售材料											
培训科用料											
销售科用料											
公司管理部门											
合计											

会计主管　　　　记账　　　　审核　　　　制表

177. 元月 31 日，培训科对天中公司人员的培训工作结束，确认培训收入。

证 177

预收账款结转表

20　　年 1 月 31 日　　单位　元

结转理由	转入会计科目		转入金额
	总账科目	明细科目	
培训结束，确认收入	主营业务收入	培训费收入	

会计主管　　记账　　审核　　制表

178. 元月 31 日，根据培训收入计算应交增值税，并填写培训收入增值税计算表。

证 178

培训收入增值税计算表

20　　年 1 月 31 日　　单位：元

项目	含税收入	增值税税率	不含税收入	增值税税额
培训费	16 000	6%	15 094.34	905.66

会计主管　　记账　　审核　　制表

179. 元月 31 日，根据劳务成本明细账，结转对天中公司人员培训劳务成本。

证 179

劳务成本结转表

20　　年 1 月 31 日　　单位　元

结转理由	转入会计科目		转入金额
	总账科目	明细科目	
培训结束，结转劳务成本	主营业务成本	培训成本	

会计主管　　记账　　审核　　制表

180. 元月 31 日，根据辅助生产车间制造费用明细账有关资料，编制辅助生产车间制造费用结转表。

证 180

辅助生产车间制造费用结转表

20　　年 1 月 31 日　　单位 元

车间名称	本月发生制造费用	应转入“生产成本－辅助生产成本（制造费用）”金额
修理车间		
供电车间		
合计		

会计主管　　记账　　审核　　制表

181. 元月 31 日，根据辅助生产成本明细账和辅助生产车间劳务供应量分配表等有关资料，采用直接分配法分配辅助生产费用（单位成本保留两位小数，分配差额由公司管理部门负担）。

证 $181\frac{1}{2}$

辅助生产车间劳务供应量分配表

20　　年 1 月 31 日

受益车间、部门	一车间			二车间		修理车间	供电车间	固定资产工程	公司管理部门	合计
	甲产品	乙产品	一般耗用	丙产品	一般耗用					
修理车间劳务量（工时）			300		260		30	2 630	280	3 500
供电车间供电量（度）	41 000	38 000	12 000	40 000	8 500	4 860		8 640	7 000	160 000

会计主管　　审核　　制表

证 181$\frac{2}{2}$

辅助生产费用分配表（直接分配法）

20　　年 1 月 31 日　　　　单位　元

辅助生产车间	分配费用	分配数量	单位成本	产品耗用						一般耗用				固定资产在建工程		公司管理部门	
				甲产品		乙产品		丙产品		一车间		二车间					
				数量	金额	数量	金额	数量	金额	数量	金额	数量	金额	数量	金额	数量	金额
修理车间																	
供电车间																	
合计																	

会计主管　　　　记账　　　　审核　　　　制表

182. 元月 31 日，结转生产车间扩建工程分配辅助生产费用耗用材料部分应转出的增值税待抵扣进项税额。

证 182$\frac{1}{2}$

辅助生产费用材料成本比重计算表

20　　年 1 月 31 日　　　　单位　元

辅助生产车间名称	辅助生产费用总额	辅助生产费用中的材料成本	材料成本占辅助生产费用总额比重
修理车间			
供电车间			

会计主管　　　　审核　　　　制表

证 182$\frac{2}{2}$

生产车间扩建工程
分配辅助生产费用应转出增值税计算表

20　　年 1 月 31 日　　　　单位　元

辅助生产车间名称	在建工程分配辅助生产费用	材料占辅助生产费用比重	分配辅助生产费用中的材料实际成本	适用的增值税税率	应转出待抵扣进项税额
修理车间					
供电车间					
合计					

会计主管　　　　记账　　　　审核　　　　制表

183. 元月 31 日，根据基本生产车间制造费用明细账及产品生产工时等有关资料，编制基本生产车间制造费用分配表和结转表。

证 $183\frac{1}{3}$

产品生产工时资料表

20　　年 1 月 31 日

产品名称	生产工时	备注
甲产品	28 000	
乙产品	22 000	
丙产品	25 000	

生产主管　郝运　　统计　路宽　　制表　路宽

二 会计存查

证 $183\frac{2}{3}$

制造费用分配表

20　　年 1 月 31 日　　单位　元

产品名称	分配标准（生产工时）	分配率	应分配费用
甲产品			
乙产品			
合计			

会计主管　　记账　　审核　　制表

证 183$\frac{3}{3}$

制造费用结转表

20　　　年 1 月 31 日　　　　单位　元

车间名称	本月发生制造费用	应转入“生产成本－基本生产成本（丙产品）”金额
二车间		

会计主管　　记账　　审核　　制表

184. 元月 31 日，根据生产成本（基本生产成本）明细账和基本生产车间元月份产量等有关资料，计算各车间完工产品成本，并编制完工入库产成品成本汇总表。

证 184$\frac{1}{5}$

基本生产车间元月份产量资料

20　　　年 1 月 31 日　　　　单位　只

项目	甲产品	乙产品	丙产品
月初在成品数量	400	1 260	1 280
本月投产数量	2 900	6 440	7 020
本月完工数量	3 100	6 500	6 300
月末在成品数量	200	1 200	2 000
月末在成品完工率	50%	50%	50%
月末在成品投料率	100%	100%	100%

生产主管　郝运　　统计　路宽　　制表　路宽

证 184$\frac{2}{5}$

一车间产品成本计算表

产成品名称　甲产品　　　　年　月　　　　单位　元

成本项目	直接材料	直接人工	制造费用	合计
月初在产品成本				
本月发生费用				
合计				
完工产成品数量				
月末在产品约当产量				
费用分配率				
完工产成品成本				
完工产成品单位成本				
月末在产品成本				

证 184$\frac{3}{5}$

一车间产品成本计算表

产成品名称　乙产品　　　　年　月　　　　单位　元

成本项目	直接材料	直接人工	制造费用	合计
月初在产品成本				
本月发生费用				
合计				
完工产成品数量				
月末在产品约当产量				
费用分配率				
完工产成品成本				
完工产成品单位成本				
月末在产品成本				

证 184$\frac{4}{5}$

二车间产品成本计算表

产成品名称 丙产品　　　　年　月　　　　单位 元

成本项目	直接材料	直接人工	制造费用	合计
月初在产品成本				
本月发生费用				
合计				
完工产成品数量				
月末在产品约当产量				
费用分配率				
完工产成品成本				
完工产成品单位成本				
月末在产品成本				

证 184$\frac{5}{5}$

完工入库产成品成本汇总表

20　年 1 月 31 日　　　　单位 元

产品名称	计量单位	入库数量	总成本	单位成本
甲产品	只			
乙产品	只			
丙产品	只			
合计				

会计主管　　　　记账　　　　审核　　　　制表

185.元月31日，按购人住宅房价款申报并缴纳契税。

证 185$\frac{1}{2}$

中华人民共和国
税收通用缴款书

地

隶属关系： 豫地缴字第 11381 号

经济类型： 填发日期 20 年 1 月 31 日 征收机关 市地税局直属分局

缴款单位（人）			预算科目		
	代码	410102354333621		编码	101190100
	全称	郑州东方公司		名称	契税
	开户银行	工行郑州市中原分理处		级次	市级
	账号	684952	收款国库		市国库

税款所属时期 年 月 日至 年 月 日 税款限缴日期 年 月 日

品目名称	课税数量	计税金额或销售收入	税率或单位税额	已缴或扣除额	千	百	十	万	千	百	十	元	角	分
					实缴金额									
住宅房		1 530 000	4%					6	1	2	0	0	0	0
金额合计（大写）⊗仟⊗佰⊗拾陆万壹仟贰佰零拾零元零角零分							¥	6	1	2	0	0	0	0

缴款单位（人）（盖章） 经办人（章）	税务机关（盖章） 填票人（章）	上列款项已收妥并划转收款单位账户 国库（银行）盖章 20 年1月31日	备注

逾期不缴款按税法规定加收滞纳金

无银行收讫章无效

第一联（收据）国库（经收处）收款盖章后退缴款单位（人）作完税凭证

证 $185\frac{2}{2}$

契税纳税申报表

20　　年 1 月 31 日　　　　单位　元

承　受　方	名称	郑州东方公司	纳税人识别号	410102354333621
	地址	郑州市颍河路256号	联系电话	66358216
转　让　方	名称	河南建业房地产开发公司	纳税人识别号	410105721054436
	地址	郑州市文化路32号	联系电话	68529688
土地、房屋权属转移	合同签订时间	20　　年1月20日		
	土地、房屋地址	郑州市陇海西路		
	权属转移类别	房屋买卖		
	权属转移面积	450平方米		
	成交价格	1 530 000		
适用税率	4%			
计证税额	61 200			
减免税额				
应纳税额	61 200			
纳税人签章				

（以下部分由征收机关负责填写）

征收机关收到日期	20　　年1月31日	接收人	张　辉	审核日期	1 月 31 日
审核记录					
审核人员签章	张　辉	征收机关签章	市地税局直属分局		

186. 元月 31 日，支付办理住宅房房产证手续费。

证 $186\frac{1}{2}$

郑州市房地产管理局发票 NO. 02212317

发票联

客户名称 郑州东方公司 20 年 1 月 31 日

项目	单位	数量	单价	金额 十	万	千	百	十	元	角	分
房产证办理手续费	套	3	1 500			4	5	0	0	0	0
合计人民币(大写)Ⓧ拾Ⓧ万肆仟伍佰零拾零元零角零分					¥	4	5	0	0	0	0

二 报销凭证

单位（盖章）郑州市房地产管理局 开票人 收款人

证 $186\frac{2}{2}$

中国工商银行转账支票存根

支票号码 00655890

科 目

对方科目

出票日期 20 年 1 月 31 日

收款人：	郑州市房地产管理局
金 额：	4500 元
用 途：	房产证办理手续费

单位主管 会计

187. 元月 31 日，销售科购进自重 6 吨的货车挂车一辆，货款暂未支付。

证 187$\frac{1}{3}$

河南省增值税专用发票

NO.00316208

发票联

开票日期　20　年 1 月 31 日

购货单位	名　称	郑州东方公司	纳税人登记号	410102354333621
	地址电话	郑州市颍河路 256 号 66358216	开户银行及账号	工行郑州市中原分理处 684952

货物或应税劳务名称	计量单位	数量	单价	金额								税率（%）	税额							
				十	万	千	百	十	元	角	分		十	万	千	百	十	元	角	分
挂　车	辆	1	15 000		1	5	0	0	0	0	0	17			2	5	5	0	0	0
合　计				¥	1	5	0	0	0	0	0			¥	2	5	5	0	0	0

价税合计（大写）	※佰※拾壹万柒仟伍佰伍拾零元零角零分	¥17 550.00		
销货单位	名　称	郑州东风汽车销售公司	纳税人登记号	410105637255136
	地址电话	郑州市航海东路 68 号 66491258	开户银行及账号	工行郑州市金水分理处 826651
备注				

收款人　　开票单位（未盖章无效）郑州东风汽车销售公司

第二联 发票联 购货方记账凭证

证 187$\frac{2}{3}$

河南省增值税专用发票

NO.00316208

抵扣联

开票日期　20　年 1 月 31 日

购货单位	名　称	郑州东方公司	纳税人登记号	410102354333621
	地址电话	郑州市颍河路 256 号 66358216	开户银行及账号	工行郑州市中原分理处 684952

货物或应税劳务名称	计量单位	数量	单价	金额								税率（%）	税额							
				十	万	千	百	十	元	角	分		十	万	千	百	十	元	角	分
挂　车	辆	1	15 000		1	5	0	0	0	0	0	17			2	5	5	0	0	0
合　计				¥	1	5	0	0	0	0	0			¥	2	5	5	0	0	0

价税合计（大写）	※佰※拾壹万柒仟伍佰伍拾零元零角零分	¥17 550.00		
销货单位	名　称	郑州东风汽车销售公司	纳税人登记号	410105637255136
	地址电话	郑州市航海东路 68 号 66491258	开户银行及账号	工行郑州市金水分理处 826651
备注				

收款人　　开票单位（未盖章无效）郑州东风汽车销售公司

第三联 抵扣联 购货方作抵扣税款凭证

证 $187\frac{3}{3}$

固定资产验收单

20　　年 1 月 31 日　　单位　元

固定资产名称	规格型号	单位	数量	单位价格	实际成本		
					价款	车辆购置税	合计
挂车		辆	1	15 000	15 000	1 500	16 500
取得方式	购入			生产单位	东风汽车公司		
使用部门	销售科			预计使用年限	8 年		
验收日期	20　　年 1 月 31 日			使用日期	20　　年 1 月 31 日		

设备主管　文森　　管理员　鲁山　　经办人　鹿鸣

188. 元月 31 日，申报并缴纳购进挂车车辆购置税。

证 $188\frac{1}{3}$

关于购进挂车申报车辆购置税的说明

市国税局直属分局：

我公司为了进一步搞好产品销售工作，购进东风汽车公司生产的挂车一辆，价款 15 000 元，增值税 2 550 元，价税合计 17 550 元。按照《中华人民共和国车辆购置税暂行条例》的有关规定，申报并缴纳车辆购置税 1 500 元。

郑州东方公司

20　　年元月 31 日

证 188 $\frac{2}{3}$

中华人民共和国
税收通用缴款书

国

隶属关系：　　　　　　　　　　　　　　　　豫国缴字第 16118 号

经济类型：　　　填发日期 20　年 1 月 31 日　　　　征收机关　市国税局直属分局

缴款单位（人）			预算科目		
	代码	4101023354333621		编码	1011601
	全称	郑州东方公司		名称	车辆购置税
	开户银行	工行郑州市中原分理处		级次	市级
	账号	684952	收款国库		市国库
税款所属时期	年　月　日至　年　月　日		税款限缴日期	年　月　日	

品目名称	课税数量	计税金额或销售收入	税率或单位税额	已缴或扣除额	实缴金额 千	百	十	万	千	百	十	元	角	分
挂车		15 000	10%						1	5	0	0	0	0
金额合计（大写）⊗仟⊗佰⊗拾⊗万壹仟伍佰零拾零元零角零分								¥	1	5	0	0	0	0

缴款单位（人）（盖章）	税务机关（盖章）	上列款项已收妥并划转收款单位账户 国库（银行）盖章	备注
经办人（章）	填票人（章）	20　年 1 月 31 日	

逾期不缴款按税法规定加收滞纳金

无银行收讫章无效

第一联（收据）国库（经收处）收款盖章后退缴款单位（人）作完税凭证

证 $188\frac{3}{3}$

车辆购置税纳税申报表

填表日期 20　　年 1 月 31 日

纳税人名称：郑州东方公司　　　　　　　　　　　　金额单位　元

<table>
<tr><td>纳税人证件名称</td><td colspan="2">组织机构代码证书</td><td colspan="2">证件号码</td><td colspan="2">410102354333621</td></tr>
<tr><td>联系电话</td><td>66358216</td><td>邮政编码</td><td colspan="2">450036</td><td>地址</td><td>郑州市颍河路256号</td></tr>
<tr><td colspan="7">车辆基本情况</td></tr>
<tr><td>车辆类别</td><td colspan="6">1.汽车　2.摩托车　3.电车　4.挂车√　5.农用运输车</td></tr>
<tr><td>生产企业名称</td><td colspan="2">东风汽车公司</td><td colspan="2">机动车销售统一发票（或有效凭证）价格</td><td colspan="2">15 000</td></tr>
<tr><td>厂牌型号</td><td colspan="2"></td><td colspan="2">关税完税价格</td><td colspan="2"></td></tr>
<tr><td>发动机号码</td><td colspan="2"></td><td colspan="2">关　税</td><td colspan="2"></td></tr>
<tr><td>车架（底盘）号码</td><td colspan="2"></td><td colspan="2">消费税</td><td colspan="2"></td></tr>
<tr><td>购置日期</td><td colspan="2">20　　年 1 月 31 日</td><td colspan="2">免（减）税条件</td><td colspan="2"></td></tr>
<tr><td>申报计税价格</td><td>特殊计税价格</td><td>税　率</td><td colspan="2">免税、减税额</td><td colspan="2">应纳税额</td></tr>
<tr><td>1</td><td>2</td><td>3</td><td colspan="2">4</td><td colspan="2">5＝1×3−4或2×3−4</td></tr>
<tr><td>15 000</td><td></td><td>10%</td><td colspan="2"></td><td colspan="2">1 500</td></tr>
<tr><td colspan="3">申　报　人　申　明</td><td colspan="4">授　权　申　明</td></tr>
<tr><td colspan="3">此纳税申报表是根据《中华人民共和国车辆购置税暂行条例》的规定填报的，我相信它是真实的、可靠的、完整的。
声明人签字</td><td colspan="4">如果你已委托代理人申报，请填写以下资料：
为代理一切税务事宜，现授权（　　）地址（　　）为本纳税人的代理申报人，任何与本申报表有关的往来文件，都可寄予此人。
授权人签字</td></tr>
<tr><td rowspan="5">纳　税　人
签名或盖章</td><td colspan="6">如委托代理人的，代理人应填写以下各栏</td></tr>
<tr><td>代理人名称</td><td colspan="2"></td><td colspan="3" rowspan="4">代　理　人
（公章）</td></tr>
<tr><td>地　　址</td><td colspan="2"></td></tr>
<tr><td>经　办　人</td><td colspan="2"></td></tr>
<tr><td>电　　话</td><td colspan="2"></td></tr>
<tr><td>收人
随征</td><td colspan="3">接　收　日　期
20　　年 1 月 31 日</td><td colspan="3">主管税务机关（章）</td></tr>
</table>

189. 元月 31 日，根据主营业务收入、其他业务收入、固定资产清理和应交增值税明细账的有关资料填写增值税纳税申报表（不填制记账凭证）。

证 189 $\frac{1}{5}$

增值税纳税申报表

（适用于增值税一般纳税人）

根据《中华人民共和国增值税暂行条例》第二十二条和二十三条的规定制定本表，纳税人不论有无销售额，均应按主管税务机关核定的纳税期限填报本表，并于次月一日起十五日内，向当地税务机关申报。

填表日期　　　年　　月　　日　　　　　　金额单位 元 （列至角分）

<table>
<tr><td>纳税人识别号</td><td colspan="2"></td><td colspan="4">税款所属期：自　年　月　日至　年　月　日</td></tr>
<tr><td>纳税人名称</td><td colspan="3">（公章）</td><td colspan="2">法定代表人姓名</td><td></td></tr>
<tr><td>开户银行及账号</td><td colspan="3"></td><td colspan="2">电话号码</td><td></td></tr>
<tr><td>注册地址</td><td colspan="2"></td><td>营业地址</td><td colspan="3"></td></tr>
<tr><td>登记注册类型</td><td colspan="2"></td><td>所属行业</td><td colspan="3"></td></tr>
<tr><td colspan="3" rowspan="2">项　　目</td><td colspan="2">一般项目</td><td colspan="2">即征即退项目</td></tr>
<tr><td>本月数</td><td>本年累计</td><td>本月数</td><td>本年累计</td></tr>
<tr><td rowspan="10">销售额</td><td>（一）按适用税率征税货物及劳务销售额</td><td>1</td><td></td><td></td><td></td><td></td></tr>
<tr><td>其中：应税货物销售额</td><td>2</td><td></td><td></td><td></td><td></td></tr>
<tr><td>应税劳务销售额</td><td>3</td><td></td><td></td><td></td><td></td></tr>
<tr><td>纳税检查调整的销售额</td><td>4</td><td></td><td></td><td></td><td></td></tr>
<tr><td>（二）按简易征收办法征税货物销售额</td><td>5</td><td></td><td></td><td></td><td></td></tr>
<tr><td>其中：纳税检查调整的销售额</td><td>6</td><td></td><td></td><td></td><td></td></tr>
<tr><td>（三）免、抵、退办法出口货物销售额</td><td>7</td><td></td><td></td><td>———</td><td>———</td></tr>
<tr><td>（四）免税货物及劳务销售额</td><td>8</td><td></td><td></td><td>———</td><td>———</td></tr>
<tr><td>其中：免税货物销售额</td><td>9</td><td></td><td></td><td>———</td><td>———</td></tr>
<tr><td>免税劳务销售额</td><td>10</td><td></td><td></td><td>———</td><td>———</td></tr>
<tr><td rowspan="5"></td><td>销项税额</td><td>11</td><td></td><td></td><td></td><td></td></tr>
<tr><td>进项税额</td><td>12</td><td></td><td></td><td></td><td></td></tr>
<tr><td>上期留抵税额</td><td>13</td><td></td><td>———</td><td></td><td>———</td></tr>
<tr><td>进项税额转出</td><td>14</td><td></td><td></td><td></td><td></td></tr>
<tr><td>免抵退货物应退税额</td><td>15</td><td></td><td></td><td>———</td><td>———</td></tr>
</table>

续表

项目		栏次	一般项目		即征即退项目	
			本月数	本年累计	本月数	本年累计
税款计算	按适用税率计算的纳税检查应补缴税额	16			———	———
	应抵扣税额合计	17		———		———
	实际抵扣税额	18				
	应纳税额	19				
	期末留抵税额	20		———		———
	按简易征收办法计算的应纳税额	21				
	按简易征收办法计算的纳税检查应补缴税额	22			———	———
	应纳税额减征额	23				
	应纳税额合计	24				
税款缴纳	期初未缴税额（多缴为负数）	25				
	实收出口开具专用缴款书退税额	26			———	———
	本期已缴税额	27				
	①分次预缴税额	28		———		———
	②出口开具专用缴款书预缴税额	29		———	———	———
	③本期缴纳上期应纳税额	30				
	④本期缴纳欠缴税额	31				
	期末未缴税额（多缴为负数）	32				
	其中：欠缴税额（≥0）	33		———		———
	本期应补（退）税额	34		———		———
	即征即退实际退税额	35	———	———		
	期初未缴查补税额	36			———	———
	本期入库查补税额	37			———	———
	期末未缴查补税额	38			———	———

授权声明

如果你已委托代理人申报，请填写下列资料：

为代理一切税务事宜，现授权（地址）　　　为本纳税人的代理申报人，任何与本申报表有关的往来文件，都可寄予此人。

授权人签字：

申报人声明

此纳税申报表是根据《中华人民共和国增值税暂行条例》的规定填报的，我相信它是真实的，可靠的，完整的。

声明人签字：

以下由税务机关填写：

收到日期：　　　接收人：　　　主管税务机关盖章：

增值税纳税申报表附列资料（一）

（本期销售情况明细）

纳税人名称：（公章）　　　　税款所属时间：　年　月　日至　年　月　日　　　　金额单位：元至角分

项目及栏次				开具增值税专用发票		开具其他发票		未开具发票		纳税检查调整		合计			服务、不动产和无形资产扣除项目本期实际扣除金额	扣除后	
				销售额	销项(应纳)税额	销售额	销项(应纳)税额	销售额	销项(应纳)税额	销售额	销项(应纳)税额	销售额	销项(应纳)税额	价税合计		含税(免税)销售额	销项(应纳)税额
				1	2	3	4	5	6	7	8	9=1+3+5+7	10=2+4+6+8	11=9+10	12	13=11-12	14=13÷(100%+税率或征收率)×税率或征收率
一、一般计税方法计税	全部征税项目	17%税率的货物及加工修理修配劳务	1											—	—	—	—
		17%税率的服务、不动产和无形资产	2														
		13%税率	3											—	—	—	—
		11%税率	4														
		6%税率	5														
	其中：即征即退项目	即征即退货物及加工修理修配劳务	6	—	—	—	—	—	—	—	—			—	—	—	—
		即征即退服务、不动产和无形资产	7	—	—	—	—	—	—	—	—						
二、简易计税方法计税	全部征税项目	6%征收率	8							—	—			—	—	—	—
		5%征收率的货物及加工修理修配劳务	9a							—	—			—	—	—	—
		5%征收率的服务、不动产和无形资产	9b							—	—						
		4%征收率	10							—	—			—	—	—	—
		3%征收率的货物及加工修理修配劳务	11							—	—			—	—	—	—
		3%征收率的服务、不动产和无形资产	12							—	—						
		预征率　%	13a							—	—						
		预征率　%	13b							—	—						
		预征率　%	13c							—	—						
	其中：即征即退项目	即征即退货物及加工修理修配劳务	14	—	—	—	—	—	—	—	—			—	—	—	—
		即征即退服务、不动产和无形资产	15	—	—	—	—	—	—	—	—						
三、免抵退税	货物及加工修理修配劳务		16	—	—		—		—	—	—		—	—	—	—	—
	服务、不动产和无形资产		17	—	—		—		—	—	—		—				—
四、免税	货物及加工修理修配劳务		18				—		—	—	—		—	—	—	—	—
	服务、不动产和无形资产		19	—	—		—		—	—	—		—				—

证 190 $\frac{3}{5}$

增值税纳税申报表附列资料（二）

（本期进项税额明细）

税款所属时间：　　年　月　日至　　年　月　日

纳税人名称：（公章）　　　　　　　　　　　　　　　　　　　　金额单位：元至角分

一、申报抵扣的进项税额				
项目	栏次	份数	金额	税额
（一）认证相符的增值税专用发票	1=2+3			
其中：本期认证相符且本期申报抵扣	2			
前期认证相符且本期申报抵扣	3			
（二）其他扣税凭证	4=5+6+7+8			
其中：海关进口增值税专用缴款书	5			
农产品收购发票或者销售发票	6			
代扣代缴税收缴款凭证	7		——	
其他	8			
（三）本期用于购建不动产的扣税凭证	9			
（四）本期不动产允许抵扣进项税额	10	——	——	
（五）外贸企业进项税额抵扣证明	11	——	——	
当期申报抵扣进项税额合计	12=1+4−9+10+11			

二、进项税额转出额		
项目	栏次	税额
本期进项税额转出额	13=14 至 23 之和	
其中：免税项目用	14	
集体福利、个人消费	15	
非正常损失	16	
简易计税方法征税项目用	17	

续表

项目	栏次	税额		
免抵退税办法不得抵扣的进项税额	18			
纳税检查调减进项税额	19			
红字专用发票信息表注明的进项税额	20			
上期留抵税额抵减欠税	21			
上期留抵税额退税	22			
其他应作进项税额转出的情形	23			
三、待抵扣进项税额				
项目	栏次	份数	金额	税额
（一）认证相符的增值税专用发票	24	——	——	——
期初已认证相符但未申报抵扣	25			
本期认证相符且本期未申报抵扣	26			
期末已认证相符但未申报抵扣	27			
其中：按照税法规定不允许抵扣	28			
（二）其他扣税凭证	29=30 至 33 之和			
其中：海关进口增值税专用缴款书	30			
农产品收购发票或者销售发票	31			
代扣代缴税收缴款凭证	32		——	
其他	33			
	34			
四、其他				
项目	栏次	份数	金额	税额
本期认证相符的增值税专用发票	35			
代扣代缴税额	36	——	——	

证 189 $\frac{4}{5}$

增值税纳税申报表附列资料（五）

（不动产分期抵扣计算表）

税款所属时间：　　年　月　日至　年　月　日

纳税人名称：　（公章）　　　　金额单位：元至角分

期初待抵扣不动产进项税额	本期不动产进项税额增加额	本期可抵扣不动产进项税额	本期转入的待抵扣不动产进项税额	本期转出的待抵扣不动产进项税额	期末待抵扣不动产进项税额
1	2	3≤1+2+4	4	5≤1+4	6=1+2−3+4−5

证 189 $\frac{5}{5}$

固定资产（不含不动产）进项税额抵扣情况表

纳税人识别号：　　　　纳税人名称（公章）：

填表日期：　年　月　日　　　　金额单位：元至角分

项　目	当期申报抵扣的固定资产进项税额	当期申报抵扣的固定资产进项税额累计
增值税专用发票		
海关进口增值税专用缴款书		
合　计		

注：本表一式两份，一份纳税人留存，一份主管税务机关留存。

190. 元月 31 日，根据应交增值税明细账的有关资料，按适用的城建税税率，计算本月应缴城建税，并填写城市维护建设税纳税申报表。

证 190

城市维护建设税纳税申报表

填表日期　　年　月　日

纳税人识别号 □□□□□□□□□□□□□□□　　金额单位　元（列至角分）

纳税人名称				税款所属时期	
计税依据	计税金额	税率	应纳税额	已纳税额	应补（退）税额
1	2	3	4＝2×3	5	6=4−5
增值税					
消费税					
合　计					

<table>
<tr><td colspan="3">如纳税人填报
由纳税人填写以下各栏</td><td colspan="4">如委托代理人填报
由代理人填写以下各栏</td><td>备注</td></tr>
<tr><td rowspan="3">会计主管
(签章)</td><td rowspan="3">经办人
(签章)</td><td rowspan="3">纳税人
(公章)
年　月　日</td><td>代理人名称</td><td colspan="2"></td><td rowspan="2">代理人
(公章)</td><td rowspan="3"></td></tr>
<tr><td>代理人地址</td><td colspan="2"></td></tr>
<tr><td>经办人</td><td></td><td>电话</td><td></td></tr>
<tr><td colspan="8">以下由税务机关填写</td></tr>
<tr><td colspan="2">收到申报表日期</td><td colspan="3"></td><td>接收人</td><td colspan="2"></td></tr>
</table>

191. 元月 31 日，根据应交增值税明细账的有关资料，按规定的教育费附加征收比率，计算本月应交教育费附加，并填写教育费附加申报表。

证 191

教育费附加申报表

填表日期　　年　月　日

纳税人识别号 □□□□□□□□□□□□□□□　　　　金额单位　元（列至角分）

<table>
<tr><td>纳税人名称</td><td colspan="5"></td></tr>
<tr><td>计费依据</td><td>计费金额</td><td>征收比率</td><td>应交教育费附加</td><td>已交教育费附加</td><td>应补（退）费额</td></tr>
<tr><td>1</td><td>2</td><td>3</td><td>4＝2×3</td><td>5</td><td>6=4−5</td></tr>
<tr><td>增值税</td><td></td><td></td><td></td><td></td><td></td></tr>
<tr><td>消费税</td><td></td><td></td><td></td><td></td><td></td></tr>
<tr><td></td><td></td><td></td><td></td><td></td><td></td></tr>
<tr><td></td><td></td><td></td><td></td><td></td><td></td></tr>
<tr><td>合计</td><td></td><td></td><td></td><td></td><td></td></tr>
</table>

<table>
<tr><td colspan="3">如交费人填报
由交费人填写以下各栏</td><td colspan="4">如委托代理人填报
由代理人填写以下各栏</td><td>备注</td></tr>
<tr><td rowspan="3">会计主管
（签章）</td><td rowspan="3">经办人
（签章）</td><td rowspan="3">交费人
（公章）
年　月　日</td><td>代理人名称</td><td colspan="2"></td><td rowspan="2">代理人
（公章）</td><td rowspan="3"></td></tr>
<tr><td>代理人地址</td><td colspan="2"></td></tr>
<tr><td>经办人</td><td></td><td>电话</td><td></td></tr>
<tr><td colspan="8">以下由税务机关填写</td></tr>
<tr><td colspan="2">收到申报表日期</td><td colspan="2"></td><td>接收人</td><td colspan="3"></td></tr>
</table>

192. 元月 31 日，根据固定资产明细账有关资料和适用税率，计算本月应交房产税并填写房产税纳税申报表。

证 192

房产税纳税申报表

纳税人识别号 □□□□□□□□□□□□□□□ 填表日期 年 月 日 金额单位 元（列至角分）

纳税人名称		税款所属时期			
房产坐落地点		建筑面积（m^2）		房屋结构	

上期申报房产原值（评估值）	本期增减房产原值	本期实际房产原值	其中			扣除率%	以房产余值计征房产税			以租金收入计征房产税			全年应纳税额	缴纳次数	本期		
			从价计税的房产原值	从租计税的房产原值	规定的免税房产原值		房产余值	适用税率 1.2%	应纳税额	租金收入	适用税率 12%	应纳税额			应纳税额	已纳税额	应补（退）税额
1	2	3=1+2	4=3−5−6	5=3−4−6	6	7	8=4−4×7	9	10=8×9	11	12	13=11×12	14=10+13	15	16=14÷15	17	18=16−17

如纳税人填报，由纳税人填写以下各栏			如委托代理人填报，由代理人填写以下各栏				备注
会计主管（签章）	办税人员（签章）	纳税人（公章）	代理人名称		代理人（公章）		
			代理人地址				
			经办人		电话		

以下由税务机关填写			
收到申报表日期		接收人	

193. 元月 31 日，根据固定资产明细账有关资料，计算本月应交土地使用税，并填写城镇土地使用税纳税申报表。

证 193

城镇土地使用税纳税申报表

纳税人识别号 □□□□□□□□□□□□□□□ 填表日期 年 月 日 金额单位 元（列至角分）

纳税人名称						税款所属时期								
房产坐落地点														
占用土地地址	上期占地面积	本期增减土地面积	本期实乐占地面积	法定免税面积	应税面积	土地等级		适用税额		全年应缴税额	缴纳次数	本期		
						Ⅰ	Ⅱ	Ⅰ	Ⅱ			每次应纳税额	已纳税额	应补（退）税额
1	2	3	4 = 2 + 3	5	6 = 4 − 5	7	8	9	10	11 = 6×9 或 10	12	13 = 11 ÷ 12	14	15 = 13 − 14
合计														

如纳税人填报，由纳税人填写以下各栏			如委托代理人填报，由代理人填写以下各栏			备注
会计主管（签章）	办税人员（签章）	纳税人（公章）	代理人名称		代理人（公章）	
			代理人地址			
			经办人		电话	
以下由税务机关填写						
收到申报表日期			接收人			

194. 元月 31 日，根据固定资产明细账有关资料，计算本月应交车船税，并填写车船税纳税申报表。

证 194

车船税纳税申报表

纳税人识别号 □□□□□□□□□□□□□□□　　填表日期　　年　月　日　　金额单位　元（列至角分）

纳税人名称（公章）							注册类型			
税款所属时期		年　月　日至　年　月　日					所属行业			
车船类别	计税单位	按辆计税应税台数	按吨位计税应税吨数	年单位税额	全年应纳税额	年缴纳次数	本期			
							应纳税额	减免税额	已纳税额	应补（退）税额
1	2	3	4	5	6=3×5或4×5	7	8=6÷7	9	10	11=8-9-10

如纳税人填报，由纳税人填写以下各栏				如委托代理人填报，由代理人填写以下各栏			备注
申报声明：此纳税申报表是根据国家税收法律的规定填报的，我确定它是真实的、可靠的、完整的。　声明人签名				税务代理机构名称（公章）			
				税务代理机构地址			
会计主管（签章）		办税人员（签章）		代理人（签章）		联系电话	

以下由税务机关填写					
收到日期	年　月　日	受理人		税收缴款书号码	

195. 元月 31 日，计算并缴纳印花税。

证 $195\frac{1}{4}$

印花税纳税申报表

填表日期　　年　　月　　日

纳税人识别号 □□□□□□□□□□□□□□□　　　　金额单位　元（列至角分）

纳税人名称			纳税所属时期	年　月　日至　年　月　日						
应税凭证名称	件数	计税金额	适用税率	应纳税额	已纳税额	应补（退）税额	购花贴花情况			
							上期结存	本期购进	本期贴花	本期结存
1	2	3	4	5=2×4或5=3×4	6	7=5－6	8	9	10	11=8+9－10
购销合同	18	6 000 000	0.3‰	1 800		1 800		1 800	1 800	
加工承揽合同			0.5‰							
建设工程勘察设计合同			0.5‰							
建筑安装工程承包合同			0.3‰							
财产租赁合同			1‰							
货物运输合同	12	4 200 000	0.5‰	2 100		2 100		2 100	2 100	
仓储保管合同			1‰							
借款合同			0.05‰							

续表

应税凭证名称	件数	计税金额	适用税率	应纳税额	已纳税额	应补（退）税额	购花贴花情况			
							上期结存	本期购进	本期贴花	本期结存
1	2	3	4	5=2×4或5=3×4	6	7=5－6	8	9	10	11=8+9－10
财产保险合同			1‰							
技术合同			0.3‰							
产权转移书据			0.5‰							
资金账簿	1	8 944 000	0.5‰	4 472		4 472		4 472	4 472	
其他账簿	56		5 元	280		280		280	280	
权利许可证照	3		5 元	15		15		15	15	
其他										
合计	90	19 144 000		8 667		8 667		8 667	8 667	

如纳税人填报，由纳税人填写以下各栏			如委托代理人填报，由代理人填写以下各栏			备注
会计主管 （签章）	办税人员 （签章）	纳税人 （公章）	代理人名称		代理人 （公章）	
			代理人地址			
			经办人			
			电话			

以下由税务机关填写			
收到日期	20　　年 1 月 31 日	受理人	

证 $195\frac{2}{4}$

中华人民共和国
税收通用缴款书

地

隶属关系　　　　　　　　　　　　　　　　　　豫地缴字第 10966 号

经济类型　　填发日期 20　年 1 月 31 日　　征收机关　市地税局直属分局

缴款单位（人）	代码	410102354333621	预算科目	编码	101111900
	全称	郑州东方公司		名称	印花税
	开户银行	工行郑州市中原分理处		级次	市级
	账号	684952	收款国库		市国库

税款所属时期 20　年 1 月 1 日至 20　年 1 月 31 日　　税款限缴日期 20　年 2 月 7 日

品目名称	课税数量	计税金额或销售收入	税率或单位税额	已缴或扣除额	实缴金额 千	百	十	万	千	百	十	元	角	分
资金账簿		8 944 000	0.5‰						4	4	7	2	0	0
金额合计（大写）⊗仟⊗佰⊗拾⊗万肆仟肆佰柒拾贰元零角零分								¥	4	4	7	2	0	0

缴款单位（人）（盖章） 经办人（章）	税务机关（盖章） 填票人（章）	上列款项已收妥并划转收款单位账户 国库（银行）盖章 20　年 1 月 23 日	备注

逾期不缴款按税法规定加收滞纳金

无银行收讫章无效

第一联（收据）国库（经收处）收款盖章后退缴款单位（人）作完税凭证

证 195 $\frac{3}{4}$

郑州市地方税务局印花税票销售凭证

20　　年 1 月 31 日　　　　单位　元

购买单位	郑州东方公司		购买人		
购买印花税票					
面值种类	数量	税额	面值种类	数量	税额
一角票			伍元票	89	445
二角票			拾元票	6	60
伍角票			伍拾元票	9	450
壹元票	20	20	壹佰元票	32	3 200
贰元票	10	20	合计	166	4 195
人民币（大写）	肆仟壹佰玖拾伍元整				
销售单位（公章）	售票人（签章）		备注		

第二联 收据 购票单位报销凭证

证 195 $\frac{4}{4}$

中国工商银行转账支票存根

支票号码 00655891

科　目

对方科目

出票日期 20　　年 1 月 31 日

收款人：市地税局直属分局
金　额：4 195 元
用　途：缴印花税

单位主管　　　　会计

196. 元月 31 日，根据产成品销售出库单、产成品销售退库单填制产成品销售数量汇总表，并结合委托代销商品出库单和库存商品明细账编制产成品销售成本汇总表。（加权平均单位成本保留 4 位小数）

证 196 $\frac{1}{2}$

产成品销售数量汇总表

20　　年 1 月 31 日　　　　单位　只

甲产品			乙产品			丙产品		
日　期	凭证号	销售数量	日　期	凭证号	销售数量	日期	凭证号	销售数量
合　　计			合　　计			合　　计		

会计主管　　　　审核　　　　制表

证 196 $\frac{2}{2}$

产成品销售成本汇总计算表

20　　年 1 月 31 日　　　　单位　元

产品名称	计量单位	月初结存		委托代销商品		本月入库		合计			本月销售	
		数量	成本	数量	成本	数量	成本	数量	成本	加权平均单位成本	数量	成本
甲产品	只											
乙产品	只											
丙产品	只											
合计												

会计主管　　　　记账　　　　审核　　　　制表

197. 元月 31 日，根据主营业务收入、其他业务收入、投资收益、营业外收入等明细账有关资料，编制收入、收益结转表。

证 197

收入、收益结转表

年　月　日　　　　单位 元

结转理由	应转出		应转入	
	会计科目	金额	会计科目	金额
将本期收入、收益转入本年利润	主营业务收入		本年利润	
	其他业务收入			
	投资收益			
	营业外收入			
合计				

会计主管　　记账　　审核　　制表

198. 元月 31 日，根据主营业务成本、其他业务成本、营业税金及附加、销售费用、管理费用、财务费用、营业外支出等明细账有关资料，编制成本、费用结转表。

证 198

成本、费用结转表

年　月　日　　　　单位 元

结转理由	应转出		应转入	
	会计科目	金额	会计科目	金额
将本期成本、费用转入本年利润	主营业务成本		本年利润	
	其他业务成本			
	营业税金及附加			
	销售费用			
	管理费用			
	财务费用			
	营业外支出			
合计				

会计主管　　记账　　审核　　制表

199. 元月 31 日，根据主营业务收入、其他业务收入、投资收益、营业外收入、主营业务成本、其他业务成本、营业税金及附加、销售费用、管理费用、财务费用、营业外支出等明细账有关资料，编制企业所得税计算表，并填写企业所得税预缴纳税申报表。

证 $199\frac{1}{3}$

企业所得税计算表

年　月　　　　　单位 元

项　　目	行次	金　　额
一、营业收入		
减：营业成本		
营业税金及附加		
销售费用		
管理费用		
财务费用		
资产减值损失		
加：投资收益		
营业外收入		
减：营业外支出		
二、利润总额		
加：纳税调整增加额		
减：纳税调整减少额		
弥补以前年度亏损		
三、应纳税所得额		
所得税税率		
四、应纳所得税		

会计主管　　　　审核　　　　制表

证 199 $\frac{2}{3}$

企业所得税预缴纳税申报表

税款所属期间　　年　月　日至　　年　月　日

纳税人识别号 □□□□□□□□□□□□□□□　　金额单位　元（列至角分）

纳税人名称		
项　　目	行次	累　计　金　额
实行据实预缴的纳税人填列以下第 1－11 行:		
利润总额	1	
加：纳税调整增加额	2	
减：纳税调整减少额	3	
减：弥补以前年度亏损	4	
应纳税所得额（1＋2－3－4）	5	
适用税率	6	
应纳所得税额（5×6）	7	
减免所得税额	8	
汇总纳税成员企业就地预缴比例	9	
实际已预缴的所得税额	10	
应补（退）的所得税额 [（7－8－10）或（7－8）×9－10]	11	
实行按上年实际数分期预缴的纳税人填列以下第 12－14 行		
上一年度实际缴纳的企业所得税额	12	
本季（月）应预缴所得税额 （12 行÷4 或 12 行÷12）	13	
本年实际已预缴的所得税额	14	

纳税人公章:	代理申报中介机构公章:	主管税务机关受理专用章:
经办人:	经办人执业证件号码:	受理人:
申报日期　　年　月　日	代理申报日期　　年　月　日	受理日期　　年　月　日

证 $199\frac{3}{3}$

关于企业所得税计算表有关项目的填写说明

1.营业收入。填写纳税人主要经营业务和其他经营业务取得的收入总额。根据“主营业务收入”和“其他业务收入”账户的数额计算填写。

2.营业成本。填写纳税人主要经营业务和其他经营业务发生的成本总额。根据“主营业务成本”和“其他业务成本”账户的数额计算填写。

3.纳税调整增加额。填写纳税人会计处理与税收规定不一致，进行纳税调整增加的金额。根据《纳税调整项目明细表》“调增金额”计算填写。

4.纳税调整减少额。填写纳税人会计处理与税收规定不一致，进行纳税调整减少的金额。根据《纳税调整项目明细表》“调减金额”计算填写。

5.除利润总额、应纳税所得额、应纳所得税等项目根据表内项目关系计算填写外，营业税金及附加、销售费用等项目应根据各该账户的数额计算填写。

200. 元月 31 日，结转本月所得税费用。

证 200

所得税费用结转表

年　　月　　日　　　　单位　元

结转理由	应转出		应转入	
	会计科目	金额	会计科目	金额
将计提的所得税费用转入本年利润	所得税费用		本年利润	

会计主管　　记账　　审核　　制表

201．元月 31 日，根据 21—31 日记账凭证，编制科目汇总表。

证 201$\frac{1}{2}$

科 目 汇 总 表

编号

单位　　　　　　　　　　　　年　　　月　　　日至　　　月　　　日

会计科目	总页	借方金额										贷方金额										备注
		千	百	十	万	千	百	十	元	角	分	千	百	十	万	千	百	十	元	角	分	

会计主管　　　　　　　　记账　　　　　　　　审核　　　　　　　　制表

证 201$\frac{2}{2}$

科 目 汇 总 表

编号

单位　　　　　　年　　　月　　　日至　　　月　　　日

会计科目	总页	借方金额										贷方金额										备注
		千	百	十	万	千	百	十	元	角	分	千	百	十	万	千	百	十	元	角	分	

会计主管　　　　　　　　记账　　　　　　　　审核　　　　　　　　制表

202. 元月 31 日，根据企业银行存款日记账和银行对账单编制银行存款余额调节表。

证 $202\frac{1}{3}$

银行存款余额调节表

年　　月　　日　　　　单位　元

项　　目	金　　额	项　　目	金　　额
企业银行存款日记账余额		银行对账单余额	
加：银行已收、企业未收		加：企业已收、银行未收	
减：银行已付、企业未付		减：企业已付、银行未付	
调节后的银行存款余额		调节后的银行存款余额	

证 $202\frac{2}{3}$

中国工商银行对账单（美元存款户）

开户单位 郑州东方公司　账号 684954　　金额单位 美元　　第1页

年		凭证种类号码	摘　　要	收　　入	支　　出	结　　存
月	日					
1	1	特种转账传票	收香港九龙公司汇款	580 000		
1	1	特种转账传票	美元兑换人民币		580 000	0

复核　　　　记账 金戎

202$\frac{3}{3}$

中国工商银行对账单（人民币存款户）

开户单位 郑州东方公司　　账号 684952　　金额单位 元　　第1页

年		凭证种类号码	摘要	收入	支出	结存
月	日					
1	1		期初余额			845 000
1	1	特种转账传票	美元兑换人民币	3 938 200		
1	1	银行汇票	付上海设备款		1 850 000	
1	1	还款凭证	还贷款		1 250 000	1 683 200
1	2	转支 00655863	转证券公司购股票款		300 000	
1	2	托收承付	承付宋城公司材料款		119 959.38	
1	2	托收承付	收黄河公司承付贷款	70 000		1 333 240.62
1	3	转支 00655864	付设备安装费		3 900	
1	3	进账单	收证券公司退结余款	19 670		
1	3	现支 00268121	付职工生活困难补助费		9 140	1 339 870.62
1	4	现支 00268122	付出差借款		6 000	
1	4	转支 00655865	缴上月职工养老保险费		141 450	
1	4	转支 00655866	缴上月职工医疗保险费		49 200	
1	4	转支 00655867	缴上月职工住房公积金		61 500	
1	4	托收承付	承付长城公司材料款		25 086.67	
1	4	进账单	收济水公司购货款	175 500		1 232 133.95
1	5	转支 00655868	付电视台广告费		6 075	
1	5	托收承付	承付春城公司材料款		240 228.45	985 830.50
1	6	现支 00268123	取现金		5 000	
1	6	转支 00655869	付石油公司油料款		61 144.20	
1	6	缴款书 09462	缴上月增值税		30 000	
1	6	缴款书 10682	缴上月城建税		2 100	
1	6	缴款书 10683	缴上月教育费附加		900	886 686.30
1	8	转支 00655870	付铁路局代垫运费		2 600	884 086.30
1	8		过次页			884 086.30

复核　　　　记账 金戎

续表一

中国工商银行对账单（人民币存款户）

开户单位 郑州东方公司　　账号 684952　　金额单位 元　　第2页

年 月	日	凭证种类号码	摘要	收入	支出	结存
1	8		承前页			884 086.30
1	9	转支00655871	付医药公司药品款		7 020	
1	9	信汇	收辽西股份上年股利	2 100		
1	9	信汇	收天中公司培训费	16 000		
1	9	转支00655872	付黄河大酒店招待费		1 702.20	893 464.10
1	10	转支00655873	付律师顾问费		2 500	
1	10	转支00655874	付设计院设计费		3 800	
1	10	现支00268124	取现金		4 000	883 164.10
1	11	托收承付	收淮河公司承付货款	500 000		1 383 164.10
1	12	托收承付	承付榕城公司材料款		169 477.83	1 213 686.27
1	13	进账单	收出售股票款	19 311.20		1 232 997.47
1	16	委托收款	付春城公司到期汇票款		200 000	1 032 997.47
1	17	信汇	收梁园公司代销商品款	51 360		
1	17	委托收款	收海河公司支付汇票款	80 000		1 164 357.47
1	18	转支00655875	付铁路局代垫运费		2 200	
1	18	银行汇票	收上海退汇票结余款	21 323.48		1 183 480.95
1	19	信汇	收黄河公司付货款	417 600		
1	19	信汇	向山城公司预付材料款		260 000	1 341 080.95
1	20	转支00655876	付办公用品款		468	
1	20	现支00268125	取现金		2 000	
1	20	转支00655877	付设备清理费		1 100	
1	20	部分拒绝付款书	收汾河公司承付商品款	331 003.70		
1	20	转支00655878	付黄河大酒店招待费		1 480	1 667 036.65
1	22	进账单	收出售设备款	68 120		
1	22	转支00655879	付职工工资		630 658	
1	22		过次页			1 104 498.65

复核　　记账 金戎

续表二

中国工商银行对账单（人民币存款户）

开户单位　郑州东方公司　　账号 684952　　金额单位　元　　第3页

月	日	凭证种类号码	摘要	收入	支出	结存
1	22		承前页			1 104 498.65
1	22	现支 00268126	取现金		2 000	1 102 498.65
1	23	缴款书 11381	缴代扣个人所得税		5 371	
1	23	转支 00655880	缴代扣职工养老及失业保险费		72 459	
1	23	转支 00655881	缴代扣职工医疗保险费		16 102	
1	23	转支 00655882	缴代扣职工住房公积金		80 510	
1	23	信汇	收长江公司购货款	468 000		1 396 056.65
1	24	信汇	收延河公司预付货款	260 000		
1	24	信汇	付光山教育局办学基金		50 000	
1	24	转支 00655883	付黄河大酒店招待费		698	
1	24	现支 00268127	取现金		2 000	
1	24	转支 00655884	付经管学院培训费		4 140	
1	24	贴现凭证	收贴现借款	343 683.13		1 942 901.78
1	25	转支 00655885	付河南建业住宅房款		1 698 300	244 601.78
1	26	托收承付	收淮河公司承付货款	446 800		691 401.78
1	28	转支 00655886	付金属材料厂加工费		3 744	
1	28	转支 00655887	付四通汽运公司运费		188.15	
1	28	信汇	收梁园公司代销货款	85 600		773 069.63
1	29	信汇	收长江公司购货款	555 750		
1	29	部分拒绝付款书	承付榕城公司材料款		188 713.98	
1	29	转支 00655888	付四通汽运公司运费		1 776	1 138 329.65
1	30	现支 00268128	取现金		3 000	
1	30	委托收款	付银龙公司水费		38 670.75	
1	30	委托收款	付中原电力公司电费		216 216	
1	30	委托收款	付电信公司电话费		15 500	864 942.90
1	30		过次页			864 942.90

复核　　　　记账　金戎

续表三

中国工商银行对账单（人民币存款户）

开户单位　郑州东方公司　　账号 684952　　金额单位　元　　第 4 页

年		凭证种类号码	摘要	收入	支出	结存
月	日					
1	30		承前页			864 942.90
1	31	进账单	收金水河公司购货款	35 100		
1	31	贷款利息通知单	付元月份借款利息		663.75	
1	31	付款通知	付汇款业务手续费		32.80	
1	31	转支 00655890	付办理房产证手续费		4 500	
1	31	转支 00655891	缴印花税		4 195	
1	31	缴款书 10966	缴印花税		4 472	
1	31	信汇	收海河公司预付货款	46 800		
1	31	缴款书 11381	缴契税		61 200	
1	31	缴款书 16118	缴车辆购置税		1 500	
1	31	存款利息通知单	收元月份存款利息	349.50		870 628.85

复核　　　　记账　金戎

4 CHAPTER

第四部分 技能训练操作的记账凭证、账页及有关财务报表格式

本部分资料主要包括技能训练操作的记账凭证、账页和有关财务报表的格式。

记账凭证格式包括收款凭证、付款凭证、转账凭证及与记账凭证相关的会计凭证封面和凭证整理单。

账页格式包括总账、现金账、银行存款账、材料采购明细账、生产成本明细账、固定资产明细账、应付职工薪酬明细账、应交税费（增值税）明细账、本年利润明细账、三栏式明细账、数量金额式明细账、多栏式明细账、应收票据备查簿和应付票据备查簿等账页格式。

财务报表的格式主要包括资产负债表和利润表两种。

表 4－1

会计凭证封面

编号

年　月份

单　位　名　称	
凭　证　册　数	第　　　　册　共　　　　册
凭　证　编　号	现金收款凭证　　自第　　号至第　　号
	现金付款凭证　　自第　　号至第　　号
	银行存款收款凭证　　自第　　号至第　　号
	银行存款付款凭证　　自第　　号至第　　号
	转账凭证　　自第　　号至第　　号
起　讫　日　期	自　　年　　月　　日至　　月　　日

会计主管　　　　审核　　　　装订

表 4－2

凭证整理单

年　月　日

张　数	
金　额	

表 4－3

收款凭证

借方科目　　　　　　　　年　月　日　　　　　　字　号

摘要	贷方科目		金额										记账符号
	总账科目	明细科目	千	百	十	万	千	百	十	元	角	分	
合计													

附单据　张

会计主管　　记账　　审核　　出纳　　制证

表 4－4

付款凭证

贷方科目　　　　　　　　年　月　日　　　　　　字　号

摘要	借方科目		金额										记账符号
	总账科目	明细科目	千	百	十	万	千	百	十	元	角	分	
合计													

附单据　张

会计主管　　记账　　审核　　出纳　　制证

表 4－5

转账凭证

年　月　日　　　　　　字　号

摘要	会计科目		借方金额										贷方金额										记账符号
	总账科目	明细科目	千	百	十	万	千	百	十	元	角	分	千	百	十	万	千	百	十	元	角	分	
合计																							

附单据　张

会计主管　　记账　　审核　　制证

表 4-6

总　　账

会计科目或编号

年		凭证		摘要	借方	√	贷方	√	借或贷	余额	√
月	日	字	号								
				过次页							

表 4-7

现　金　账

年		凭证		对方科目	摘要	现金支票号码	收入	√	支出	√	结余
月	日	字	号								
					过次页						

表 4-8

银　行　账

年		凭证		对方科目	摘要	支票		收入	√	支出	√	结余
月	日	字	号			种类	号码					
					过次页							

表 4-9

材料采购明细账

供货单位＿＿＿＿＿＿ 材料名称＿＿＿＿＿＿

年		凭证		摘要	借方				贷方	余额
月	日	字	号		买价	运输费用		合计		
				过次页						

表 4-10

生产成本明细账

生产车间＿＿＿＿＿＿ 产品名称＿＿＿＿＿＿ 计量单位＿＿＿＿＿＿

年		凭证		摘要	成本项目					合计
月	日	字	号		直接材料	直接人工	制造费用			
				过次页						

表 4-11

固定资产明细账

名称＿＿＿＿＿＿ 规格＿＿＿＿＿＿ 型号＿＿＿＿＿＿ 存放地点＿＿＿＿＿＿ 单位＿＿＿＿＿＿

年		凭证		摘要	单价	购进或拨入		报废或转出			余额	
月	日	字	号			数量	金额	数量	金额	折旧额	数量	金额
				过次页								

表 4-12

应付职工薪酬明细账

年		凭证		摘要	工资	职工福利	社会保险费	住房公积金	工会经费	职工教育经费	非货币性福利	辞退福利	股份支付		合计
月	日	字	号												
				过次页											

表 4-13

应交税费（增值税）明细账

年		凭证		摘要	借方				贷方					借或贷	余额
月	日	字	号		合计	进项税额	已交税金		合计	销项税额	出口退税	进项税额转出			
				过次页											

表 4-14

本年利润明细账

年		凭证		摘要	借方金额分析										贷方金额分析					借或贷	余额
月	日	字	号		主营业务成本	其他业务成本	营业税金及附加	销售费用	管理费用	财务费用	资产减值损失	营业外支出	所得税费用	合计	主营业务收入	其他业务收入	投资收益	营业外收入	合计		
				过次页																	

表 4-15

三栏式明细账

子目、户名或编号

年		凭证		摘要	借方	√	贷方	√	借或贷	余额	√
月	日	字	号								
				过次页							

表 4-16

数量金额式明细账

最高存量

品名　　规格　　单位　　存放地点　　最低存量

年		凭证		摘要	收入			发出			结存		
月	日	字	号		数量	单价	金额	数量	单价	金额	数量	均价	金额
				过次页									

表 4-17

多栏式明细账

年		凭证		摘要	借方	贷方	借或贷	余额	（　　）方金额分析								
月	日	字	号														
				过次页													

表 4-18

应收票据备查簿

票据种类	号数	出票日	票面金额	票面利率	合同交易号	付款人（承兑人、背书人）	票据到期日

续表：

背书转让日	贴现日	贴现率	贴现净额	收款日	收回金额	退票情况	备注

表 4-19

应付票据备查簿

票据种类	号数	出票日	票据到期日	票面金额	票面利率	合同交易号	收款人	付款日	支付金额	备注

表 4－20

资产负债表

会企 01 表

编制单位　　　　　　　　　　　　年　　月　　日　　　　　　　　　　　　单位 元

资　　产	期末余额	年初余额	负债和所有者权益（或股东权益）	期末余额	年初余额
流动资产：			流动负债：		
货币资金			短期借款		
交易性金融资产			交易性金融负债		
应收票据			应付票据		
应收账款			应付账款		
预付款项			预收款项		
应收利息			应付职工薪酬		
应收股利			应交税费		
其他应收款			应付利息		
存货			应付股利		
一年内到期的非流动资产			其他应付款		
其他流动资产			一年内到期的非流动负债		
流动资产合计			其他流动负债		
非流动资产：			流动负债合计		
可供出售金融资产			非流动负债：		
持有至到期投资			长期借款		
长期应收款			应付债券		
长期股权投资			长期应付款		
投资性房地产			专项应付款		
固定资产			预计负债		
在建工程			递延所得税负债		
工程物资			其他非流动负债		
固定资产清理			非流动负债合计		
生产性生物资产			负债合计		
油气资产			所有者权益（或股东权益）		
无形资产			实收资本（或股本）		
开发支出			资本公积		
商誉			减：库存股		
长期待摊费用			其他综合收益		
递延所得税资产			盈余公积		
其他非流动资产			未分配利润		
非流动资产合计			所有者权益（或股东权益）合计		
资产总计			负债和所有者权益（或股东权益）总计		

表 4-21

利 润 表

会企 02 表

编制单位　　　　　　　　　　　　年　月　　　　　　　　　　　单位　元

项　　　　目	本期金额	上期金额
一、营业收入		
减：营业成本		
营业税金及附加		
销售费用		
管理费用		
财务费用		
资产减值损失		
加：公允价值变动收益（损失以“－”号填列）		
投资收益（损失以“－”号填列）		
其中：对联营企业和合营企业的投资收益		
二、营业利润（亏损以“－”号填列）		
加：营业外收入		
减：营业外支出		
其中：非流动资产处置损失		
三、利润总额（亏损总额以“－”号填列）		
减：所得税费用		
四、净利润（净亏损以“－”号填列）		
五、其他综合收益的税后利润		
（一）以后不能重分类进损益的其他综合收益		
（二）以后将重分类进损益的其他综合收益		
六、综合收益总额		
七、每股收益：		
（一）基本每股收益		
（二）稀释每股收益		